はじめに

はじめに私の思いを述べさせていただきます。

私が創価学会の池田大作第三代会長のことを知ったのは、高校生の時でした。社会科の授業で教師の葉菊先生が池田会長のことを紹介したのです。葉菊先生は、池田会長が日中国交正常化の重要性を主張した「六八池田提言」（一九六八年九月八日に行われた第十一回創価学会学生部総会の席上、池田第三代会長が発表した「日中国交正常化提言」）のことを紹介し、「日本には、世界の平和を愛する人物がいる。正しい人生を生きる『大きな勇気』を持った偉大な人物である」と池田会長のことを称《たた》えたのです。その時に私が受けた驚きと感動は、今も記憶の中に鮮明に残っています。その後、私は中国語に翻訳された池田会長の著作を何冊も読み、そこに脈打つ透徹した平和主義に大きな影響を受けたのです。

池田会長が日中友好の金の橋を架け、両国の友誼《ゆうぎ》の道程《どうてい》に不滅の足跡を残されたことは、中国の一般国民の間でも広く知られています。ところが、一九八四年に私が日本に来てから、創価学会のことを話すとネガティブな反応を示す日本人がいて、とても不思議に感じていました。その後、私は、多くの創価学会員の方と接するようになり、創価学会の人たちは誠実で礼節を重んじる人たちが多く、平和、文化、教育について非常に熱心に考えていることを知りました。こうした出会いを通じて、私が高校生の時に抱いた創価学会への認識が全く正しいものであったことを確認するに至ったのです。

創価学会の真実の姿や歴史的事実について、日本では正しい認識を持っていない人がまだ多くいると思います。それはとても残念なことです。今、日本と中国の政治的な緊張状態は、一九七二年の国交正常化以前よりも厳しい状況にあるともいえます。その中にあって中国側は、日中関係を前進させる上でこれまでにも増して創価学会に大きな期待を寄せています。また、尖閣諸島をめぐる緊張によって日中の首脳会談が実現されなかった時期に、公明党の山口那津男代表が安倍首相の親書を携《たずさ》えて中国を訪問し習近平総書記（当時）と会談したように、中国側は創価学会を支持母体とする公明党にも日中関係改善に向けた橋渡し役を期待しています。

本書を通じて、これまで創価学会と中国との間で結ばれてきた絆を再確認しながら、現在、そして未来に向けた日中友好の道がさらに広がっていけば幸いです。

目次

第二章 日中友好に尽力した人々

第三章 巡りあう創価学会と中国

第四章

公明党の役割

第五章

周恩来の日中友好の思い

一　本書は『第三文明』二〇一六年十一月号から二〇一八年十月号まで連載された「創価学会と中国――日中友好の懸け橋担う創価学会の真実――」全三十五回分を加筆・修正し収録したものです。
一　中国語の文献を引用する場合は、著者が翻訳を行いました。
一　肩書は当時のものです。

題字「日中友好の軌跡」　胡金定
装丁　志摩祐子（有限会社レゾナ）
本文レイアウト・組版　有限会社レゾナ
構成　上妻武夫

第一章

中華人民共和国と日本の外交

第一節 中華人民共和国建国と日本

日中の戦争、そして中華人民共和国建国へ

一衣帯水《いちいたいすい》の隣国同士である日本と中国との間には、二千年もの長い歴史に刻まれた友好往来の軌跡があります。しかし、近代百年を振り返ると、残念ながらそこには両国の対立した歴史が存在しています。

まずは国交正常化以前の日中関係と中国の外交政策について振り返りたいと思います。中国国民党を結成した孫文《そんぶん》が一九二五年に死去し、その後を継いだ蔣介石《しょうかいせき》が国民政府による中国統一を図《はか》る中、一九三一年に日本の関東軍が満州全域を占領する九・一八事変（満州事変）(1)が起こりました。ここから日本と中国の対立が激化していきます。

当時、中国国内では蔣介石率いる国民党と毛沢東《もうたくとう》率いる共産党が中国統一に向けて対

立していましたが、日本軍を前に「国共合作」(2)と呼ばれる協力関係が生まれ、抗日統一戦線が結ばれます。その後、一九三七年に北京《ペキン》郊外の盧溝橋《ろこうきょう》で日中両軍が衝突した七・七事変（盧溝橋事件）(3)が起き、これを機に一気に日中戦争へと突入していきます。こうした両国の対立は、太平洋戦争が終結する一九四五年まで続きました。

終戦後、中国国内では国民党と共産党との間に再び亀裂が生じ、国共合作は崩れて内戦が起こります。最終的には国民党軍を退《しりぞ》けた共産党軍が北京を占領し、一九四九年十月一日、毛沢東を主席とする新中国（中華人民共和国）が建国されました。

東西に二分された世界の中で

第二次世界大戦終結後、世界は資本主義陣営諸国と共産主義陣営諸国とに二分され、覇権を争う対決の道へと突き進んでいきました。

共産党軍に敗れ台湾に逃れた蔣介石率いる国民党は、台湾で中華民国を誕生させ、中華民国政府が全中国を代表していると主張します。東西冷戦の二極化の中で、アメリカは台湾の中華民国を支援し、アメリカの影響下にあった日本も中華民国政府との間で「日華平和条約」[4]を結び、台湾を正統な政権として選択します。これによって日本と中華人民共和国の国交は断絶した状態が続くことになります。

そうした中、勃発《ぼっぱつ》した朝鮮戦争（一九五〇〜五三）は、アジアに大動乱をもたらしました。北朝鮮側についた中国は、東西対立の渦の真っただ中へと巻き込まれていくことになります。新中国建国直後の共産党は、国内を完全に掌握しきれておらず、国内の地盤整理に力を注いでいたため、外交政策は不透明なままでした。しかし、アメリカによる中国への経済封鎖をはじめ、日本も含めたアメリカ同盟諸国による中国包囲網が敷かれていく中、毛沢東は新中国建国後初となる外交路線を打ち出します。それは唯一の友好国・ソビエト連邦（ソ連）と固く手を結ぶ「向ソ一辺倒」の外交戦略でした。これによって、アメリカの強力な影響下に置かれていた日本との関係は、ますます困難な状況に置かれることになったのです。

「以民促官」の民間外交

そのような状況の中、外交面で新たな道を開いていったのが、建国時に国務院総理（首相に相当）に就任した周恩来《しゅうおんらい》でした。周恩来は一九五八年までの間、外交部長（外務大臣）も兼任し、新中国の外交政策を主管しています。

周恩来は、外交政策を進める上で儒教思想を重視し、論語の一節にある「朋《とも》あり遠方より来《きた》る、また楽しからずや」との精神、つまり、〝友達をたくさんつくる〟との視点に立脚して、外交政策を考えていきました。

周恩来
©Imagine china/時事通信フォト

そして「民間先行、以民促官」（民間が先に交流を進め、民を以て官を促《うなが》す）との考えから、民間レベルの草の根交流を先頭に、戦略的な外交方針を打ち出していきます。

この外交路線は現在の中国にも引き継がれて

います。今も天安門には、左側に「中華人民共和国万歳」、右側に「世界人民大団結万歳」の二つのスローガンが掲げられています。ここにある世界の人民との「大団結」とは、まさに周恩来が志向した草の根の交流による外交政策の目指すところだったのです。

一九五三年十二月三十一日、周恩来はインドと中国チベット地方の国境問題について協議した際に、①相互間の主権の尊重と領土の保全②相互間の不可侵③相互間の内政不干渉④相互間の平等互恵⑤相互間の平和共存——との五原則を提起しました。ここで示された「平和共存五原則」は、世界の平和と安定における極めて重要な原則であるとして、中国・インド間だけでなく、多くの国から歓迎され、さまざまな国際会議や声明の場で引用されました。この中国外交の基本姿勢は、今日まで一貫して継承されています。

そしてもう一つ、中国の外交政策を語る上で重要な言葉があります。それは「韜光養晦《とうこうようかい》」という言葉です。この言葉には「自らの才能を隠し、内に力《ちから》を蓄《たくわ》える」という意味があります。外交政策に照らせば、「周囲に脅威《きょうい》を与えない」という態度を国際社会に示していくということになります。この思想は、毛沢東時代から始まり、その後、鄧《とう》小平《しょうへい》の時代に発展的に方針転換がなされた時期はありますが、中国の外交政策を俯瞰《ふかん》して見てみれば一貫して用いられてきた思想です。

周恩来は、これらの思想を基盤に外交政策を展開し、その中で日本との国交回復に向けた道についても考えていったのです。

では、なぜ周恩来は新中国の外交を進めていく上で、日本に目を向けたのでしょうか。それは中国と日本の深遠な歴史的関係、あるいは隣国という地理的要因によるところもありますが、周恩来自身に日本との関係を重視する大きな理由があったためです。

周恩来は日本に留学していた頃、下宿先の婦人から味噌汁やご飯を振る舞ってもらうなど、周囲の日本人の親切さに幾度も触れました。日本国民がとても優しいことを体感した周恩来は、中国に戻ってからそのことを伝え、〝日本という国は国民と軍部を分けて考えなければいけない〟との考えを広めていったのです。

その後の日中友好の歴史を振り返る時、周恩来が日本の地で経験した庶民と庶民による草の根の交流が、友好の絆の原点になっていると感じます。

そして、ここから周恩来が導いた「以民促官」の民間外交が、さまざまな形となって広がりを見せていくのです。

第二節

民衆に目を向けた中国外交

対日外交の土台にあった「二分法」の視点

周恩来が推し進めた「以民促官（民を以て官を促す）」の外交姿勢は、いったいどこからきたものなのでしょうか。この点について、もう少し掘り下げたいと思います。

中国が進めた民間外交とは、周恩来の著作の中に出てくる「人民外交」という言葉が象徴しているように、国民同士による交流です。しかし、それは、国民同士が個人間で交流を図るというよりは、団体間の交流という性質のほうが強いものでした。それは現在でいうところのNPOのような非政府組織などの団体間の交流に近いものです。そのような団体間の交流を進めていく中で生じた影響力が官の交流を促進する原動力になるというのが、周恩来の民間外交の中心的な考えであったのです。

特に、周恩来は日本との間における民間外交において、「二分法」と呼ばれる考え方で進めていきました。「二分法」とは、「少数の軍国主義者と大多数の日本国民を厳格に区分する」という考え方です。この考えは、時代によって変遷《へんせん》してきたものの、民間の交流を重視するという点では今もなお中国に引き継がれている大事な考え方です。

この「二分法」が生まれた淵源《えんげん》は、一九三八年二月に延安《えんあん》（中華人民共和国陝西《せんせい》省）で開かれた反侵略大会で毛沢東が演説で言及したことに遡《さかのぼ》ります。この演説で、反侵略戦争の統一戦線（共通の敵対勢力に共同して抗する闘いの形態）の結成が掲げられました。そこには中国の統一戦線、世界の統一戦線に加えて、日本国民の統一戦線もありました。

つまり、日本と中国が戦争状態であったとしても、日本の政府が決定した中国への侵略戦争に対して、日本国民のすべてが賛成しているわけではなく、そのような軍部政府の方針に反対の立場をとる日本国民もいるはずで、そういった人々と団結して侵略戦争に反対しようというのが毛沢東の主張であり、「二分法」の淵源です。

この考えのもと、中国は日本に対して、政府と民衆を切り離して捉える外交政策をとっていったのです。

「二千年」対「五十年」の歴史観

「二分法」の考えは、日中戦争時の八路軍《はちろぐん》(日中戦争時に華北方面で活動した中国共産党軍の通称)の中でも取り入れられていました。そのため当時、日本軍の捕虜《ほりょ》に対して虐待《ぎゃくたい》などを行わないことが八路軍の中で徹底されていました。

また、日中戦争が終わって日本軍撤退後に残された百三十万人に及ぶ残留日本人について、すぐに日本に帰ることができない状況を鑑《かんが》みて、中国に残し、保護することを決めるとともに、その人たちの力を新中国の建設に生かそうと考えました。

たとえば、航空隊に所属していた日本人が、中国空軍のパイロット養成に尽力したり、日本人技術者が中国の水力発電所建設に力を貸したりしました。残留孤児も含め戦争に直接加わっていない日本人、あるいは戦争に関して反省している日本人に対しては、あくまでも「二分法」の考えに基づいて人道主義的な対応をしたのです。

こうした背景で、当時、新中国建設に尽力した日本人たちが帰国後、関西日中平和友好会を結成するなど、日中友好に尽力したことは、意外と知られていない事実です。

一九四五年の太平洋戦争終結後は東西冷戦の構造のもとで、日本がアメリカの同盟国となったことにより、日中関係は厳しい状況に置かれましたが、そこでも「二分法」の考えは引き続き適用され、中国国内では日本国民に関する友好的な理解を広げていくことが促されていたのです（日本の軍国主義の非道に関しても教育はしています）。

このような「二分法」の考え方が生まれた背景には、日中両国の長い交流の歴史を俯《ふ》瞰《かん》して捉えた視点がありました。二千年に及ぶ文化交流や人的往来の長い歴史に比べれば、日中両国の戦争状態の期間はわずか五十年でしかないという見方です。だからこそ、長期的な視野で未来に向けた友好関係を築こうとする外交努力が生まれていったのです。

「二分法」による戦後処理

「二分法」の考えは、戦後、中国側が日本との間で戦後処理を進める上でも大きな影響を与えました。

「二分法」に基づいた具体的な戦後処理の実施策はいくつかあります。一つは、一九五〇年代に実施された残留日本人の帰国に関してです。

一九五二年十二月一日、中国は北京放送を通じて、残留日本人の帰国の援助を表明しました。中国政府は「二分法」の観点と人道主義の精神から、このことを重視し、加えてそれが日中関係改善促進のきっかけとなるものとして、支援を表明したのです。

その後、中央日僑事務委員会を設立し、協議を経て、一九五三年一月末に日本赤十字社、日中友好協会、日本平和連絡会の三団体の代表が北京に派遣されました。そこで廖承志《りょうしょうし》(後の中日友好協会会長)を団長とする中国紅十字会との間で一カ月余の交渉が行われ、同年三月五日に「邦人居留民の帰国援助問題に関する日本赤十字社等と中国紅十字会との申し合わせ」が調印されました。そして三月七日には、具体的な乗船日時や乗船場所、乗船人数、船の手配に関することなどについて新聞で発表されました。日本に帰国する際、港を出るまでの中国国内の移動に関する費用を中国側が負担することや、中国国内で得た財産は没収しないなど、優遇策も実施されています。

三月二十七日には、初の帰国が実施され、京都の舞鶴港に向けて三千九百六十三人の残留日本人が帰国の途につきました。それから十月までの間、七回に分けて述べ二万六千二十六人が帰国し、一九五八年までにおよそ四万人の残留日本人が帰国しています。

また、戦争犯罪者（以下、戦犯）の処理に関しても「二分法」に基づいた判断がなされました。一九五一年、中国国内で日本人戦犯に関する調査、区分が行われ、一九五五年十二月にそれが決定されましたが、周恩来は、日本人戦犯について寛大に処理し、死刑、無期懲役での処分は行わない方針を示します[5]。そして一九五六年四月二十五日、全国人民代表大会常任委員会でこの方針が可決されたのです。その後、中国最高人民法院特別軍事法廷において慎重な調査が行われた結果、千六十二人のうち、重大な罪で訴追された四十五人については、八～二十年の有期刑の判決となりましたが、その他の大部分の千十七人は、起訴を免除され帰国しています。

廖承志
©AFP=時事

この時、帰国者に対して毛沢東と周恩来は「将来の両国の友好に力を尽くしてほしい」と訴えました。この時の帰国者たちは帰国後、

「中国帰還者連絡会」（中帰連）を設立し、日中友好促進と平和のために尽力しています。

さらに、中国側は、日本に対する戦争賠償の請求についても「二分法」に基づいてこれを放棄しています。日本に対する賠償請求に関しては、一九五五年三月、中国共産党の中央政治局会議の中で議論が行われ、最終的には「日本に対して賠償を請求すれば、その負担は日本国民に降りかかり、長期にわたって苦しい生活を強《し》いることになる。これは中国が望む日本国民との友好に合致しない」との考えから放棄することに至ったのです。[6]一九五七年十月、周恩来は日中友好協会の初代会長であった松本治一郎《まつもとじいちろう》にこのことを伝えました。そして、一九七二年九月二十九日に北京で発表された「日中共同声明」の中で、戦争賠償の放棄に関して正式に宣言されることになりました。

周恩来はある時の談話の中で、「日本人民と仲良くしていく。友情を生かして中日両国の友情を強くしていく。戦争で被害を受けたことへの同情心を持つ[7]」との「二分法」に基づいた原則をもって日本との関係構築を図ることを語っています。

このように民衆に目を向けた中国外交の姿勢こそ、日中友好を広げた中国側の原動力でもあったといえます。

第三節

貿易先行の民間外交

初の民間貿易協定

日本の軍部政府と日本国民を区別して捉えるという「二分法」の考えは、戦後の中国の対日外交政策を形づくり、そのまま民間交流へと広がりを見せていきました。

一九五二年、周恩来は日中間の民間の関係を発展させるために、まずは経済面、特に「貿易先行」が必要であるとの方針を打ち出しました。経済面の交流が両国の人民の利益にも一致するという見方をしていたのです。

一九五二年四月、ソ連のモスクワで国際経済会議が開催され、日中両国からも代表が出席しました。日本からは高良《こうら》とみ、帆足計《ほあしけい》、宮腰喜助《みやこしきすけ》らの国会議員が参加しましたが、この時、中国代表団の団長であった中国国際貿易促進委員会主席・南漢宸《なんかんしん》は、周恩来からの指示に従い、この三人の日本人と二回にわたりモスクワで会談を行い、中国への招《しょう》聘《へい》を図ります。

招聘に応じた高良とみ、帆足計、宮腰喜助の三人は、五月二十五日、モスクワからウランバートルを経由して北京に入りました。五月二十六日、三人は南漢宸と日中貿易について会談を行い、六月一日に戦後初めてとなる第一次日中民間貿易協定が結ばれました。この協定で定めた双方の輸出入額は、各三千万ポンドと小さな規模ではありましたが、貿易先行によって日中友好の扉を開くという点では非常に大きな先駆的意義があったといえます。

その後、三人は、六月三日から六日まで北京で開かれたアジア太平洋地域平和会議の準備会議にも出席しました。国会議員の訪中、そして北京で結ばれた民間貿易協定の話は日本国内でも報道され、多くの人の注目を集めました。

帰国後の七月七日、帆足計、宮腰喜助は、名古屋大須《おおす》球場で中国帰国報告会を開催。終了後、両代議士の支援者約千人が街頭でデモを行い警察隊と衝突する事件が起こりました（大須事件）。ある意味で三人は対中関係の道を開いたという点で凱旋《がいせん》帰国を果たしたわけですが、東西冷戦下の当時の状況では、警察当局はこうした動きを警戒していましたし、日本人の新中国への渡航はご法度《はっと》とされていた中であったため、国会では旅券法違反であるとして問題視されたのです。しかし一方ではそのような日本政府の対応に対して、中国との経済的な交流を期待していた日本の商社からは強い反発も起こっていました。

いずれにしても、一九五二年の民間貿易協定が大きな一歩となり、日中両国はそれぞれ国際貿易促進会を設立し、すでに設立されていた日中友好団体とも連携しながら、両国の経済貿易関係を発展させていきます。そして周恩来が打ち出した貿易先行による民間交流はここからさらに大きく動き始めていきます。

経済の刺激が政治を動かす

一九五二年五月二十二日、議長は平野義太郎《ひらのよしたろう》、幹事長は宮腰喜助、顧問は高良とみ、帆足計からなる日中貿易促進会議が結成され、全国から中小企業、メーカー、商社の代表が参加する全国大会が開催されました。大会では、訪中実業団の派遣、日中貿易拡大促進運動の展開、日中民間貿易協定の具体的実施方針などが検討されました。また、十月には、日中貿易促進会議幹事・鈴木一雄が商用と中国市場調査のため中国に渡り、翌年の八月に帰国するまでの約一年間中国に滞在して、中国国際貿易促進委員会秘書長・冀朝鼎《きちょうてい》と、民間貿易協定を半年間延長する議定書に調印しました。

中国政府は中日貿易を促進するため、「日本籍船舶来航暫定辨法《べんほう》」(8)を発表し、天津《てんしん》と上海《シャンハイ》の二つの港に限定して、日本船舶の入港を許可しました。一九五三年一月、対中貿易の直接ルート第一船は、日本の昆布千二百トンを積んで、天津港へ向かって釧路《くしろ》港を出港しました。

こうした経済への刺激によって政界にも変化が出てきます。

一九五三年、社会党顧問・松本治一郎は、中国人民保衛世界和平委員会の招きにより、北京へ。三月十三日、政治家の西園寺公一《さいおんじきんかず》と一緒に上海で、アジア太平洋区域和平連絡委員会主席・宋慶齢《そうけいれい》と平和運動について懇談しました。松本治一郎は帰国後、五月三十日に開催された日中友好協会第三回全国大会で初代会長に選出されています。

七月二十九日、衆議院で「日中貿易促進決議案」が全会一致で採択となり、三十日には参議院でも採択されました。それまでは敵視の意味で「中共」という言葉が使用されていましたが、この時、戦後初めて「中華人民共和国」という名称が使われるようになります。このことは民間貿易協定の締結から一年を経ての快挙でした。周恩来が提唱した「民を以て官を促す」の外交戦略の果実が結果として現れてきたのです。

また、この「日中貿易促進決議案」の採択を機に、日本から「通商訪中視察団」などの訪中団体も増えるようになり、通産省も段階的に対中禁輸品目を解除し、日中貿易環境を整えていきます。

九月二十八日、周恩来は平和擁護日本委員会会長・大山郁生《おおやまいくお》と会見し、日中国交の回復、平等互恵（平等に利益や恩恵を与え合う）の原則による貿易関係の樹立の考え方を発表しました。(9) 十月一日には、北京訪問中の日中貿易促進議員連盟が派遣した中国通商視察議員団十二人の議員が、中華人民共和国建国四周年の国慶節式典に出席しています。中国通商視察議員団は、中国国際貿易促進委員会と第二次日中民間貿易協定で、双方の輸出入額各三千万ポンドを調印（第一次の時と同じ金額）。結果として、第一次の輸出入達成実績が五％だったのに対し、第二次では三八％にまで大きく躍進しました。

進展する民間貿易

一九五四年十二月、第一次鳩山一郎《はとやまいちろう》内閣が成立します。ここで対中外交に変化が見られ、重光葵《しげみつまもる》外務大臣は中国の平和共存政策を歓迎する意向を表明しました。通産省も対中輸出制限の緩和策をとり、この年の対中輸出額は二千万ドル、輸入額は四千万ドルを突破しています。

一九五五年一月二十三日、周恩来は、日本国際貿易促進協会会長・村田省蔵《むらたしょうぞう》と五時間に及ぶ長い会談を行い、「平和共存五原則の対日基本原則」や「日本軍国主義と日本人民を区別する」との説明をしました。(10) この会談の席上、村田省蔵は中国国際貿易促進委員会の訪日を要請しました。これに対し、中国政府は三月一日、中国共産党中央政治局対日工作部門の責任者が作成した「対日政策と対日活動に関する中共中央の方針と計画」を検討し、可決。三月二十九日には、中国政府として初めての代表団派遣となる中国対外貿易部副部長・雷任民《らいにんみん》を団長とする中国国際貿易促進委員会代表団が東京に到着しました。この時、一カ月ほどの交渉を経て、五月四日、第三次となる日中民間貿易協定が締結されました。ここではさらに、①一九五五年と一九五六年に、東京、大阪、北京、上海で商品展覧会を開催し、双方が協力して支援体制を構築する②日中両国に互いが駐在商務代表事務所を設置する③政府間の貿易協定調印を促進する――ことなどが決められました。協定の内容からは、単純な民間貿易とは違い、半官半民の貿易体制に変化していったことがうかがえます。

また時を同じくして周恩来は、四月十八日からインドネシアのバンドンで開催されたアジア・アフリカ会議（バンドン会議[11]）に出席しました。演説の中で「平和共存五原則」厳守を基礎に、日本との国交正常化を促進する中国の対日方針を重ねて強調しました。[12]

この時、一つの重要な出会いがありました。それはバンドン会議に、日本政府代表団のトップとして出席していた経済審議庁長官・高碕達之助《たかさきたつのすけ》と周恩来との出会いです。

高碕達之助は、もともと中国と深い縁《えにし》があった人物です。大阪・高槻《たかつき》市の出身で、一九一七年、地元に製缶会社「東洋製罐《とうようせいかん》」を立ち上げました。一九三七年、日中戦争が勃発し、材料となる鉄の供給が滞《とどこお》り始めると、高碕は、政府がつくった満州重工業開発に鉄を譲ってもらう交渉をするために中国に渡り、満州（現・中国東北部）で鉄生産を手伝う中、満州重工業開発副総裁に就任します。その後総裁となり、太平洋戦争の終戦は満州で迎えました。高碕は満州の地で残留孤児の帰還交渉や戦後処理に尽力し、そのことを通じて中国人から厚い信頼を得ます。このことは周恩来のもとにも伝わりました。

終戦から二年後の一九四七年に高碕は帰国し、一九五四年に第一次鳩山一郎内閣の経済審議庁長官として入閣します。「日本の復興にはアジアとの貿易が欠かせない」と考えていた高碕は、中国との経済的な関係改善を目指して行動します。

一九五五年、バンドン会議で高碕は会議の開幕直前に周恩来と会いました。そこでは短い時間の会談でしたが、高碕はこれをきっかけに会議のない日を選んで、周恩来に会いに行きます。そこで戦後初の日中政府間の折衝として、四月二十二日に高碕・周の秘密会談が行われたのです。

会談の中、周恩来は「戦争中のことは、お互いに忘れましょう。長期的立場に立って、いかに中日が友好関係になるか、考えるべきだと思います。中国は『平和共存五原則』

を基に日本との国交正常化を推進したい」と表明しました。

高碕も「現在日本は米国によって指導されているので、日本政府は必ずしも貴国政府の希望されるようにはいかない。そこで少しでも両国関係を改善するために、まず貿易を行いたいと思っている」と告げたといいます。[13]

この会議の終了後、周恩来の指示により、アジア・アフリカ会議日本代表団のうち二十八人が中国に招聘され、友好を深めています。

親米反中路線の岸内閣

一九五五年五月十四日、鳩山首相は衆議院外務委員会で「中国との領事交換は可能」という主旨の答弁をしました。[14] また、台湾の中華民国の要求で日本の商社が対中取引停止の誓約書を提出したことに対して、六月一日、衆議院の貿易振興に関する調査特別委員会で、通産大臣・石橋湛山《いしばしたんざん》は「対中貿易は国際ルールに従っており、他国から制約を受けるものではない」という主旨の答弁を行い、中華民国政府の要求は受け入れない方針を明らかにしました[15]。

一九五六年三月二十九日、鳩山首相は衆議院外務委員会で、中国との外相会談は可能であり、周恩来首相と話し合ってもいいという主旨の発言をしました。中国はこのことを高く評価し、関係改善への期待を抱きました。その後、十二月に石橋湛山内閣が成立し、初閣議で「日中貿易の積極的拡大方針を決定」「自民党内に新機構設置」「民間の対中貿易団体の一本化」「通商代表部の交換」——などを公布しました[16]。

そのような貿易先行による民間外交がいよいよ盛んになろうとしていた矢先に、石橋首相が脳梗塞《のうこうそく》で倒れて退陣。一九五七年二月二十五日、前内閣の方針とは逆の親米反中路線を進める岸信介《きしのぶすけ》内閣が誕生しました。台湾を擁護する岸首相は、首相就任の三カ月後には台湾を訪問。台湾を重視し、反中国の外交政策をとりました。

こうした政治状況を背景に、一九五七年九月二十一日、岸内閣が誕生してから初めての日中民間貿易協定の交渉が北京で行われましたが、中国側との意見の違いが多く生じ、日本側は後日再検討するとして持ち帰りました。こうして交渉は一時的に中断され、調印は見送られることになったのです。

第四節

民間交流の挫折と再開

「政経分離」の日本と「政経不可分」の中国

ここで日中間の民間交流が一時中断した時期について、もう少し詳しく紐解《ひもと》いてみたいと思います。

民間交流の促進によって、日中関係の発展が進むかに思えた中、鳩山一郎、石橋湛山の両内閣がいずれも短命のうちに終わり、その後、岸信介内閣が誕生します。岸内閣の誕生は中国側にとっては予想外の出来事でした。

岸首相は日本の首相として初めて東南アジア諸国を外遊した際に、最後に台湾を訪問して蔣介石と二回にわたり会談の場を持ちました。当時の台湾は中国共産党から中国大陸を奪還するという路線で、岸首相はこの台湾に賛同し、親台親米路線を打ち出して、中国共産党包囲網を敷《し》いていくことを表明したのです。

これにより、それまで順調に推移していくと楽観視されていた日中間の民間外交に暗雲が立ち込めます。

一九五七年九月二十一日からは、「第四次日中民間貿易協定」の締結に向けた交渉が開始されました。日本からは訪中日本通商使節団として、日中貿易促進議員連盟、日本国際貿易協会、日中輸出入組合の民間貿易三団体が北京に派遣され、一九五五年の第三次日中民間貿易協定に規定されていた未解決事項についての協議が行われました。その内容とは主に、①民間代表部を設置し特権を与える②民間代表部の出入国の便宜③民間代表部の人員およびその家族の指紋押捺《おうなつ》を免除する④民間代表部の建物での国旗掲揚の権利――というもので、中国側がこれを要請しました。

これに対して、四十日余にわたる交渉が行われましたが、日本側は難色を示しました。そこで周恩来の提案により、本協定で規定するのではなく、覚書という形でひとまず交渉は落着しました。日本代表団はこの覚書を日本に持ち帰り、検討した上で、あらためて交渉を再開することが約されました。そして、一九五八年三月五日、第四次日中民間貿易協定が締結されました。

　しかし、協定締結後、国会内で同協定の内容に関する質疑が行われ、岸内閣は日中関係の基本的な考え方として「政経分離」の路線を表明します。つまり、政治と経済を分離して捉え、政治関係では台湾を重視し、中国との関係はそれ以上拡大しないが、経済関係については拡大するという路線です。そのため岸内閣は、国旗掲揚等については認めないとしながらも、日中貿易拡大の必要性は優先する形をとり、第四次日中民間貿易協定の「精神を尊重する」、「国として支持協力はするが、あくまでも民間貿易に過ぎない」との声明を発表します。

　日本のこうした経済的利益だけを享受しようとする「政経分離」路線に対し、中国側は「政経不可分の原則」を主張します。これは日中間の政治と経済の問題は分離することはできず、両方の問題は同時に話し合いながら解決するべきであるという見解です。しかしひとまずは中国も再び「二分法」の考えを用いて、日本政府が中国との関係を絶とうとしても民間の経済交流は拡大させていく路線を進めていきます。

民間交流を断絶させた二つの事件

ちょうどこの頃、民間の経済交流の歩みをも止めてしまう二つの事件が起こりました。一つは「長崎国旗事件」です。一九五八年五月、長崎市で行われていた「中国切手・切り紙展覧会」の会場で、そこに掲揚されていた中国国旗を日本人男性が引きずり下ろし、侮辱《ぶじょく》するという事件が起き、それが全国紙のニュースで取り上げられたのです。

この事件に対し、中国側は、陳毅《ちんき》中国副総理兼外交部長が外交ルートを使って厳重に抗議しましたが、岸首相は「国旗損壊罪は、独立国家として互いに承認しあっている国についてのみ適用されるもの」（『朝日新聞』一九五八年五月十一日付）として、当事者に対し、わずか五百円の罰金を科すだけの軽犯罪の処理として終わらせたのです。

この事件は、岸内閣の台湾擁護の姿勢とも結びつき、中国国内の反日感情を高めることとなり、戦後の日中民間外交に一つの大きな挫折をもたらす出来事となりました。

もう一つの事件は「劉連仁《りゅうれんじん》さん事件」です。劉連仁さんは、一九四四年に中国の地から北海道の鉱業所に強制連行され、そこで炭鉱労働者として過酷な労働を強《し》いられた人物です。当時、そこで身の危険を感じた劉さんは、ある時に仲間四人とともに逃亡を図りました。北海道の山中をさまよいながら、仲間とはぐれてしまった劉さんは、たった一人で自ら掘った穴に隠れながら生活を続けます。劉さんはそこで日本が敗戦したことすら知らないまま、十三年もの時を経て一九五八年二月九日に発見されます。

この事態に、岸内閣（岸信介は強制労働を実施した当時の東條内閣の商工大臣）は、劉さんを不法入国者として扱い、中国からの強制連行と強制労働の事実を認めませんでした。そして、中国への強制送還を決定したのです。中国に送還される直前、劉さんのもとには、当時の官房長官・愛知揆一《あいちきいち》から手紙と十万円が届けられました。しかし、劉さんは日本政府が拉致、虐待を認めていないことに反発し、これを受け取らずに帰国します。

その後、戦後五十年を経た一九九六年、劉さんは日本政府を相手に東京地裁に提訴しました。結局、劉さんは判決を待つことなく二〇〇〇年に亡くなりますが、劉さんの子息が訴訟を引き継ぎ、翌二〇〇一年に勝訴の判決が示されました。その後、日本側から控訴がなされましたが、東京高裁はこれを棄却しています。

劉さんの事件のことは中国国内でも報道され、先の長崎国旗事件とも相まって日本への批判が高まりました。中国側は抗議を行うとともに、対日輸出入許可証発行の中断や、民間漁業協定の延長中止を表明し、これをもって日中の民間外交は暗礁に乗り上げることになったのです。

周恩来の日中民間交流再開の打開策

こうした危機的状況に際し、周恩来は、漸進《ぜんしん》的な手法によって困難な状況を打開しようと取り組みました。一九五八年、周恩来は、日中貿易と友好関係を継続させていくための条件を日本政府に対して提起します。それが翌一九五九年に定式化され、「政治三原則」として岸内閣に提示されました。

それは、①中国敵視政策をしない②二つの中国をつくる陰謀に加わらない（一中一台を支持しない）③国交正常化を妨《さまた》げない――との三原則で、これが後の日中国交正常化の基本的な政治原則となり、現在にも続くものとなりました。

また、周恩来は、この「政治三原則」とともに、「政経不可分」を強調し、政治関係を断絶させたまま経済関係だけを進めることは通らないとして、日本政府の政治的姿勢の改善を促しました。

一方この頃、中国から輸入する漢方薬や農業副産品によって生計を立てていた日本の一部の中小企業は、日中貿易の断絶によって破産の危機に瀕《ひん》していました。こうした中、日本社会党書記長の浅沼稲次郎《あさぬまいねじろう》と日本労働組合総評議会事務局長の岩井章《いわいあきら》が、通商産業大臣・高碕達之助の親書を携えて中国を訪問し、日本の中小企業の実情を周恩来に伝えました。[17]「政治三原則」「政経不可分」を提示してきた中国側は、日本政府が対中姿勢をあらためることを期待していましたが、周恩来は日本の中小企業の実情を深く考慮して、日本政府の変化を待たずに日本企業に対して「個別的な配慮」を示して貿易を継続することを決めたのです。[18]

こうして一度は断絶した日中間の民間貿易は、周恩来の優れた外交能力と卓越した知恵のバランス、つまり原則に沿いながらも局面によっては柔軟性を持って対応するという姿勢によって、状況打開への道へと進んでいくのです。

第五節

民間交流から半官半民への前進

民間交流再開を後押しした「貿易三原則」

周恩来は水面下で日本人との接触も図っていきました。一九五五年十一月十日には、元総理大臣の片山哲《かたやまてつ》を中国に招聘しています。この時、憲法擁護国民連合（憲法改正に反対する日本社会党系の組織）のメンバーを率いて訪中した片山は、国務院副総理を務めていた陳雲《ちんうん》と会談しています。

また、同じく元総理大臣の石橋湛山も一九五九年九月二十日に北京を訪れ、周恩来と初めて会談しています。片山、石橋両名の総理大臣経験者が中国を訪れ、日中関係の発展についての意見交換を行ったことは、その後の日中関係の改善に向けて非常に重要な出来事でした。

周恩来は、民間交流の再開に向けた動きをさらに後押しするように、一九六〇年八月、日中貿易促進会専務理事の鈴木一雄と会談し、そこで「政治三原則」と「政経不可分の原則」から、さらに一歩進める形で「貿易三原則」を提示しました。

それは、①政府間協定の締結②民間の個別契約の実施③個別的な配慮物資の斡旋《あっせん》――の三項目です。

周恩来はこの会談の折、貿易三原則について次のような趣旨のことを語っています。

「岸内閣が打ち出した政経分離路線に対し、中国はあくまで政経不可分の考えのもと、政府間の締結が原則必要とした上で、政府協定がない場合であっても企業間で民間契約を調印すれば、政治的環境も良い方向へ向かう。中日貿易の中断で苦しむ日本の中小企業のために中国は『個別的な配慮』を提起した。これは今後も続けていくことができる(19)」

周恩来は、中国と取引関係にあった日本企業の窮状を踏まえ、柔軟に応用できる「貿易三原則」を提示したのです。

これによっておよそ二年半にわたって中断していた日中貿易は、本格的に再開の道を歩み始めます。

この頃誕生した池田勇人《いけだはやと》内閣は、中国側が示した「政治三原則」にも賛同し、日中関係の改善に協力的な立場をとりました。そのため一九六四年まで続いた池田内閣の四年間は、日中関係の基軸が「民間交流」から「半官半民」の段階へと発展する重要な時期であったといえます。

その後の日中貿易の進展

日中関係改善の背景には、多くの日本人の努力もありました。

そのうちの一人に、自民党の政治家で、戦後文部大臣、農林大臣を歴任した松村謙三《まつむらけんぞう》がいます。松村は、三十八回にわたり中国を訪問した人物で、日中友好の井戸を掘った恩人、ともいわれています。

松村は、周恩来の招聘により一九五九年に初めて中国を訪れます。この時、周恩来は送別の宴の場で、「中日両国人民は友好的であるべきであって、お互いに敵視すべきではない。これが中日両国人民の共通の願いである」と述べています[20]。

松村は、この周恩来の意に沿うように、一九六二年九月に再び中国を訪れます。この時、周恩来は八十歳を迎えた松村に対し、「花好月圓人寿」(美しい花、満月、長寿の人)との詩句で長寿を祝うとともに、中日友好のためにさらに貢献してほしいとの願いを表明しました。そして二人の間で、長時間に及ぶ会談が三回にわたり行われたのです。

この時松村は、当時全日空の社長であった岡崎嘉平太《おかざきかへいた》からの日中貿易に関する提案を伝え、「日中長期総合貿易に関する覚書」の締結に尽力しています。

帰国後、松村は元通産大臣の高碕達之助に周恩来からのメッセージを伝えた上で、訪中を促します。

一九六二年十月二十八日、高碕は中国からの招聘を受け、戦後初めてとなる企業二十二社(四十二人)の訪中団を率いて、団長として北京を訪問します。すでに松村と周恩来の会談で話が進んでいたこともあり、覚書の交渉はスムーズに合意に達しました。そして十一月九日、日本に留学経験のあった中日友好協会会長の廖承志と高碕達之助の間で「日中長期総合貿易に関する覚書」が調印されます。

この覚書の調印により、日中間の貿易には、これまでの民間貿易に加え、新たなチャンネルが生まれました。これが、廖（LIAO）と高碕（TAKASAKI）のイニシャルをとって「LT貿易」と呼ばれるものです。それまでは個別優遇（友好商社間での取引）のみであった日中間貿易が半官半民となり、その後、貿易取引額を飛躍的に増やす大規模な交易へと発展していきます。

またこの覚書では、貿易の細かな点についても合意が得られました。その一つが、岸内閣の時には実行できなかった、それぞれ相手国への自国の連絡事務所の設置です。中国側は廖承志事務所を東京に設置し、日本側は高碕達之助事務所を北京に設立することになります。

そしてこのチャンネルを通して、両国の記者交換が実現します。一九六四年九月二十九日、七人の中国人記者が東京に、九人の日本人記者が北京にそれぞれ派遣されました。当時の中国側の記者の中には、孫平化《そんへいか》と劉徳有《りゅうとくゆう》の二人がいました。この二人は、日中国交正常化実現の舞台裏で創価学会と接触していくことになる人物です。

この記者交換の実現から五十年が過ぎた今、日本から中国に派遣された記者は延べ四百人を超え、中国から日本へ派遣された記者は延べ百二十人を超えています。

こうした常駐記者は、両国友好の懸け橋となる存在であったわけですが、とりわけ国交のなかった時期においては、領事館のような重要な役割を担いました。この記者交換の実現が、半官半民をさらに新たな段階へと発展させ、その後の国交正常化への道を開く重要な布石となったのです。

周恩来の変わらぬ信念

ここまでの流れを振り返ると、周恩来が大切にしていた信念や卓越した思考が、日中の民間外交が好調に発展した時も、挫折へと転じた時も、常にその道筋を照らし続けてきたように思います。

周恩来の信念の根幹には、「瞻前顧后、日積月累、水到渠成」（「過去を振り返りつつ、未来を見据えて、日々積み重ねていく中で、機が熟せば必ず結果が出る」という意味）という考えがありました。[21] そして、〝外交の仕事はまず人のつながり。友人は多ければ多いほどよい〞との考えに立って常に民間外交を推し進めてきたのです。ですから周恩来は、岸内閣が打ち出した政経分離路線の壁に直面した時に、中国外交の一つの転換点ともいえる「政経不可分の原則」の方針を示し、さらに「政治三原則」と「貿易三原則」を打ち出しましたが、根底には常に中国人民、日本国民への眼差《まなざ》しがあったのです。

かつて周恩来は、民間外交が挫折した一時期についてこう語っています。

「われわれ皆が、ともに努力しさえすれば、この短い期間も、過去のものになるであろうと思う。過去二千年の歴史からいっても今後の長い将来からみて、私は中日両国人民の平和と友好は長期のものだと考える[22]」

永遠に日中友好に奮闘する精神・誓いが、この言葉にすべて含まれていると思います。いかなるつまずきがあろうとも絶えず友好を積み重ねていけば、必ず機が熟して実を結ぶ——この周恩来の一貫した信念こそ、国交正常化を進める原動力であったのです。

（1）満州事変

一九三一（昭和六）年に満州（現在の中国東北部）で起きた日本の関東軍と中国軍との武力衝突。実質的には日本の中国への侵略戦争。

（2）国共合作

一九二四年から一九二七年と、一九三七年から一九四五年の二度にわたり中国国民党と中国共産党の間に結ばれた協力関係のこと。

（3）盧溝橋事件

一九三七（昭和十二）年七月七日の夜に始まった盧溝橋一帯での日中両軍の軍事衝突。日中戦争の発端となった事件。

（4）日華平和条約

第二次世界大戦後の一九五二年四月二十八日、日本と台湾の中華民国国民政府との間で締結された講和条約。日本と中華民国との間の戦争状態終了、正常関係の再開などが取り決められた。その後の日中国交回復により失効となる。

（5）「周恩来は、日本人戦犯について寛大に処理……」

第一回全国人民代表大会第三十四次会議「関於処理在押日本侵略中国戦争中戦争犯罪分子的決定」（一九五六年四月二十五日）

（6）「日本に対して賠償を請求すれば……」

「中共中央対日政策対日活動的方針和計画」

（7）「日本人民と仲良くしていく……」

中共中央文献研究室編『周恩来年譜（１９４９―１９７６）』（中央文献出版社）上、四四三ページ

（8）日本籍船舶来航暫定辨法

財団法人霞山会『日中関係基本資料集　１９４９年―１９９７年』四五ページ、資料十三「中国の『日本船舶の中国向け就航に関する弁法』」

（9）「周恩来は平和擁護日本委員会……」

同前、五〇ページ、資料十六「日中関係に関する周恩来総理の大山郁夫教授に対する談話」

（10）「一九五五年一月二十三日、周恩来は……」

中共中央文献研究室編『周恩来年譜（１９４９―１９７６）』（中央文献出版社）上、四四三ページ

（11）アジア・アフリカ会議（バンドン会議）

第二次世界大戦後に独立したアジア・アフリカ諸国の代表が集まり、一九五五年四月に、インドネシアのバンドンで開催した国際会議。東西冷戦下で、第三世界の結集を目指し、平和共存五原則をふまえた「平和十原則」を共同宣言として発表した。

（12）「演説の中で『平和共存五原則』厳守を……」

財団法人霞山会『日中関係基本資料集　1949年―1997年』七八ページ、資料二十二「第一回A・A会議における周恩来総理の演説」

(13) **「会談の中、周恩来は……」**
人民網文史「中国外交的経典工作」(7)

(14) **「一九五五年五月十四日、鳩山首相は……」**
第二十二回国会、衆議員外務委員会、第六号、昭和三十年五月十四日

(15) **「対中貿易は国際ルールに従っており……」**
第二十二回国会、衆議院「貿易振興に関する調査特別委員会議録　第六号」、昭和三十年六月一日

(16) **「日中貿易の積極的拡大方針を決定……」**
『読売新聞』一九五六年十二月二十六日付朝刊一面

(17) **「日本社会党書記長の浅沼稲次郎と……」**
『人民中国』ネット版「周恩来総理と中日関係(中)生誕110周年にあたって」(http://www.peopleschina.com/zhongrijiaoliu/2008-02/15/content_99498_3.htm)、二〇二〇年十二月十六日アクセス)

(18) **「周恩来は日本の中小企業の実情を……」**
中共中央文献研究室編『周恩来年譜(1949―1976)』(中央文献出版社)中、三四三ページ

(19) **「岸内閣が打ち出した政経分離路線に対し……」**
中華人民共和国外交部・中共中央文献研究室編『周恩来外交文選』(中央文献出版社)、二九〇ページ

(20) **「中日両国人民は友好的であるべきであって……」**
瞿新『松村謙三集団和中国』社会科学文献出版社、九四ページ

(21) **「瞻前顧后、日積月累、水到渠成……」**
『戦後中日関係文献集』中国社会科学出版社、六四四ページ

(22) **「われわれ皆が、ともに努力しさえすれば……」**
『周恩来外交活動大事記(1949―1975)』世界知識出版社、二二一ページ

第二章

日中友好に尽力した人々

第一節 貿易交流の礎を築いた高碕達之助

命がけの周・高碕会談

第一章第三節で述べたとおり、旧満州重工業開発株式会社で総裁を務めていた高碕達之助《たかさきたつのすけ》は、戦後、中国国内に残っていた日本人の財産と生命を守るために中国側と帰還交渉を行いました。実は高碕はこの時にも周恩来《しゅうおんらい》と一度会っていますが、周恩来との交流が深まっていったのは、新中国建国後のことです。

高碕は経済審議庁長官として出席した一九五五年のバンドン会議で周恩来と再会を果たし、実質的には一回目の会談を行いました。当時、日本国内では中国と交渉しようとするだけで危険が予想される状況でした。また、周恩来にとっても反中国勢力による危険が迫っていた時期でした。実際に、バンドン会議の際には、周恩来が搭乗する予定だった飛行機に爆弾が仕掛けられる事件が起こっています。それほどに中国を取り巻く環境は緊迫した状況下にあったのです。

そのような危険に囲まれた状況であったため、高碕は会議のない日を選び、周恩来が宿泊していた住宅街にある華僑《かきょう》の別荘へと突然押しかけ、そこで会談が行われました。この会談のことは日本の外務省にも知らされておらず、その時に立ち会ったのはわずか五人だけでした。周恩来は「平和共存五原則」を基礎にした上で日本との国交正常化を推進したいと伝え、高碕は両国の関係改善のためにまずは貿易を行いたいと述べ、翌日に二回目の会談を行うことを約束して一回目の会談は終わりました。しかし、バンドン会議の日本代表団の一人として外務省から派遣されていた谷正之《たにまさゆき》は、会談から帰った通訳にその内容を聞き、アメリカの頭越しに中国との交渉を進めさせるわけにはいかないといって、二回目の会談を中止させました。

しかしすでにこの時、高碕達之助という人物

高碕達之助
Ⓒ時事

が親中派であるということは、周恩来を通して毛沢東《もうたくとう》へと伝えられていたのです。

結ばれた信頼関係

一九六〇年に池田勇人《いけだはやと》内閣が誕生し、中国との貿易拡大が再び進んでいこうとしていた時に、高碕は周恩来との二度目の会談を実現しようと動きます。高碕は、若き中曽根《なかそね》康弘《やすひろ》(後の首相)を伴って渡米し、米中の関係改善がなければ日中関係も改善できないとの視点から、アメリカの政治家に対中関係を改善するよう働きかけました。

「隣国中国を、日本は過去三十年間侵略し圧迫した。これが大変な誤りであったことはアメリカ人がよく知っている。(中略)しかるに中国の人民は建設途上にあって非常に苦しんでいる。食糧も足りない。これをかつての加害者であり隣国である日本が放っておけるだろうか。私は老い先短いが、生きてる間に罪ほろぼしをしたい。アメリカも、この考え方を理解して欲しい」(1)と。

高碕はその後、松村謙三《まつむらけんぞう》の勧めで中国を訪問し、周恩来と再会します。そこで高碕は日米安保条約について、日本側の見解を説明するとともに、「お国（中国）の政治体制（共産主義）は、私としては賛同できない。私は引き続き、資本主義をこれからもやっていきます[2]」とはっきりと主張しました。周恩来は高碕のこの率直に物を言う姿勢を高く評価していたといいます。

高碕は、会談の後、かつて自身が満州重工業開発の総裁をしていた頃の主力工場（現「鞍山製鉄所」）や長春自動車工場を周恩来とともに視察し、技術的なアドバイスをしました。このように技術や経済的な知見を惜しむことなく中国のために伝えようとする高碕の人柄により、周恩来との信頼関係はさらに深まっていきます。

二人の信頼関係は、その後の「日中長期総合貿易に関する覚書」（ＬＴ協定）の締結へとつながり、日中間のさらなる人的交流と貿易の促進が積み重ねられていくことになったのです。

このＬＴ貿易に対する高碕と周恩来の期待が、いかに大きかったかを表す一つのエピソードがあります。覚書が正式に決定した後の答礼宴の席上、高碕は挨拶《あいさつ》の中で「日中貿易の機関車は動き出した。しかしながら、列車の発車には立派な機関車と優れた機関士がいなければならない。優れた機関士の操作がなければ、列車は脱線してしまうかもしれない。今回の調印の仕事に参加した人たちは、いずれも機関士である。したがって、われわれの責任は非常に重い。優れた機関士は、方向を間違えることはない。正しい方向とは何か。それは周恩来総理の言われた平等互恵にほかならない(3)」と語りました。これに対して周恩来は、「この中日貿易という列車を上手に運転して、中日両国人民の世々代々の友好のため、中日両国の関係の正常化のため、さらには極東、アジアおよび世界の平和のために貢献されることを願っています(4)」と語り、互いに機関車の例えを通して祝杯をあげたそうです。この話からも二人が、この貿易交流の先に日中国交正常化を見据えていたことがよくわかります。

ただ残念ながら、高碕はその成果が国交正常化の実現となって花開くところを見ることなく、一九六四年二月二十四日に逝去《せいきょ》しました。周恩来は高碕の訃報《ふほう》に接し、「このような人物は二度と現れまい」と哀悼《あいとう》の言葉を述べています。

第二節

生涯を日中友好に捧げた松村謙三

学生時代から中国に目を向けていた松村謙三

高碕達之助とともに日中友好の井戸を掘ったもう一人の人物が、政治家・松村謙三です。

この二人が日中関係の改善に果たした貢献は非常に大きなものがありました。〝経済の高碕〟〝政治の松村〟ともいわれたように、実業家であった高碕が貿易拡大を進めていったのに対し、松村は長きにわたる政治の世界で培《つちか》ってきた人望と影響力をもって、日中関係の改善に尽力していったのです。

松村謙三は富山県の出身で、早稲田大学政治経済学科を卒業後、報知新聞社に入社しました。しかし、二十九歳の時に、父親の急逝に伴い、地元富山に帰郷。そこから政治家としての人生を歩み始めます。地元で町会議員、県会議員を務めた後、一九二八年に当時の立憲民政党から出馬し、衆議院議員に当選しました。戦後は文部大臣、農林大臣を歴任し、一九六九年の政界引退まで、長きにわたり清廉潔白《せいれんけっぱく》な政治家として活躍しました。その過程で、松村は自民党の長老として幾度も中国を訪問し、周恩来と深い信頼関係を築きながら、日中国交正常化への地固めをしていきました。

松村は学生時代、政治経済を専攻する傍《かたわ》ら、坪内逍遥《つぼうちしょうよう》の講義に大きな感銘を受け、農業にも関心を持ち、卒業論文では「日本農業恐慌論」を執筆しています。

農業への関心から松村は、中国にも目を向けます。在学中には第二外国語で中国語を学び、中国語主任教授の青柳篤恒《あおやなぎあつつね》に引率されて中国旅行を経験しています。この時は上海《シャンハイ》から中国に入り、長江《ちょうこう》（揚子江《ようすこう》）を遡《さかのぼ》りながら、南京《ナンキン》、漢口《かんこう》、武昌《ぶしょう》（現在の武漢《ぶかん》）などを訪問し、中国の農業についても視察しました。当時、日露戦争の真《ま》っ只中《ただなか》であったことからも、中国への旅行は非常に勇気ある行動であったことがわかります。

このように、松村が学生時代から中国と農業に強い関心を抱いていたことは、その後の政治家人生に影響をもたらし、その結果、農林大臣として道を開いた農地改革、そしてまた生涯をかけて取り組んだ日中関係の改善へとつながっていったのです。

訪中で芽生えた信頼と友情

一九五五年、松村は第二次鳩山一郎《はとやまいちろう》内閣に入閣し、文部大臣に就任しました。当時、鳩山首相は日ソ共同宣言[5]を結び、中国に対しても好意的な政策をとっていたため、松村は文部大臣として、本格的に中国と友好関係を結ぶことを見据えました。

松村謙三
©時事

同年、松村は日本学術会議の招聘《しょうへい》で日本を訪問していた中国科学院院長の郭沫若《かくまつじゃく》と会い、そこで意気投合します。郭沫若は松村に、「ぜひ新中国を見に来てほしい」と伝えました。また一九五七年には、日本を訪問していた廖《りょう》承志《しょうし》（後の中日友好協会会長）とも会い、訪中の約束をしています。こうして松村は、中国とのパイプを一つ一つつくっていきました。

一九五六年に誕生した石橋湛山《いしばしたんざん》内閣も、中国に対しては好意的な姿勢であったため、松村は、首相就任間もない石橋と会談し、前内閣が進めた日ソ国交回復に続いて、日中国交回復も進めるべきと進言します。石橋は、日中国交回復に前向きの姿勢を示しましたが、米国との関係に配慮し、まずは首相個人の特使として松村をアジア各国歴訪へと向かわせ、そこから中国を探るように計画しました。(6)

しかしその後、一九五七年に誕生した岸信介《きしのぶすけ》内閣が、中国敵視の姿勢をとったことにより、両国間の民間貿易は一時断絶の時を迎えます。

一九五九年十月、こうした危機的な状況の中で、七十六歳の松村は政治家となってから初めて中国を訪問します。一カ月半の滞在中、北京《ペキン》、上海、杭州《こうしゅう》、広州《こうしゅう》、西安《せいあん》、洛陽《らくよう》、蘭州《らんしゅう》、成都《せいと》、重慶《じゅうけい》、武漢、昆明《こんめい》など中国国内の各地を視察し、周恩来と四回の会談を行ったほか、郭沫若、廖承志ら要人とも懇談を重ねました。

会談の中で松村が日中の関係改善を訴えると、中国側は厳しい反応を示し、岸内閣の反中路線を批判しました。それに対し松村は、「意見の違いはあるとしても、日本人の前で日本の総理大臣のことを悪く言うことには同調できない」とはっきりと述べました。

また、日米安保への批判に対しても、「中ソ同盟は日本と戦争するためのものですか」と切り返しました。そして、それを否定する中国に対して、「日米安保も中ソ同盟と同じです」と反論したのです。こうした激しいやりとりがなされましたが、松村は岸内閣に対する批判には同調しないまでも、日本側の努力も足りなかったと謙虚な態度を示しました。その松村の率直な姿勢に周恩来も、「松村先生は日本の保守党の幹部であり、私は中国共産党の幹部である。意見がすべて一致するはずはありません」と理解を示しました。[7] お互いの立場の違いを乗り越えて、日中関係を再び前に進めていこうとの意見の一致をみたのです。

日中国交回復に情熱を注いだ政治家人生

一九六〇年、岸内閣が退陣し、池田勇人内閣が誕生すると、日中関係改善のタイミングを見計らっていた松村は、高碕達之助を仲介として中国へと向かわせ、貿易関係の改善を図ります。そして、松村自身も一九六二年に第二次訪中へと向かいます。この時には前回の訪中とは異なり、周恩来との三回の会談の中で、日中貿易拡大の実務的な内容を詰めていきました。具体的には、①双方に自国の連絡機関を設けること②中国側は化学肥料、農薬、小型農機具、農作機械、化学繊維、鉄鋼などを輸入③日本側は鉄鉱石、石炭、大豆、とうもろこし、鉱業塩などを輸入④貿易品目別にメーカーの集団をつくる――などの内容です。この内容が下地となり、その後の「日中長期総合貿易に関する覚書」（LT協定）へとつながっていきます。

その後も松村は、一九六四年に第三次訪中、一九六六年に第四次訪中を果たし、LT貿易を継続するとともに、「日中覚書貿易」（MT貿易〈MTは、memorandum tradeの頭文字〉）へと進化・発展させ、日本と中国の貿易拡大の道を開いていきました。

一九六九年、松村は八十六歳で政界を引退しますが、それでもなお日中国交正常化への情熱は消えません。文化大革命(8)の最中、再び日中関係が厳しくなり、日本国内では松村にも共産主義者とのレッテルが貼られ、強い批判を浴びました。それでも〝日中の絆を絶対に断ち切ってはいけない〟との思いから、一九七〇年三月には車椅子に身を委《ゆだ》ねて五度目の訪中を果たします。そして、その翌年の一九七一年八月二十一日、日中国交

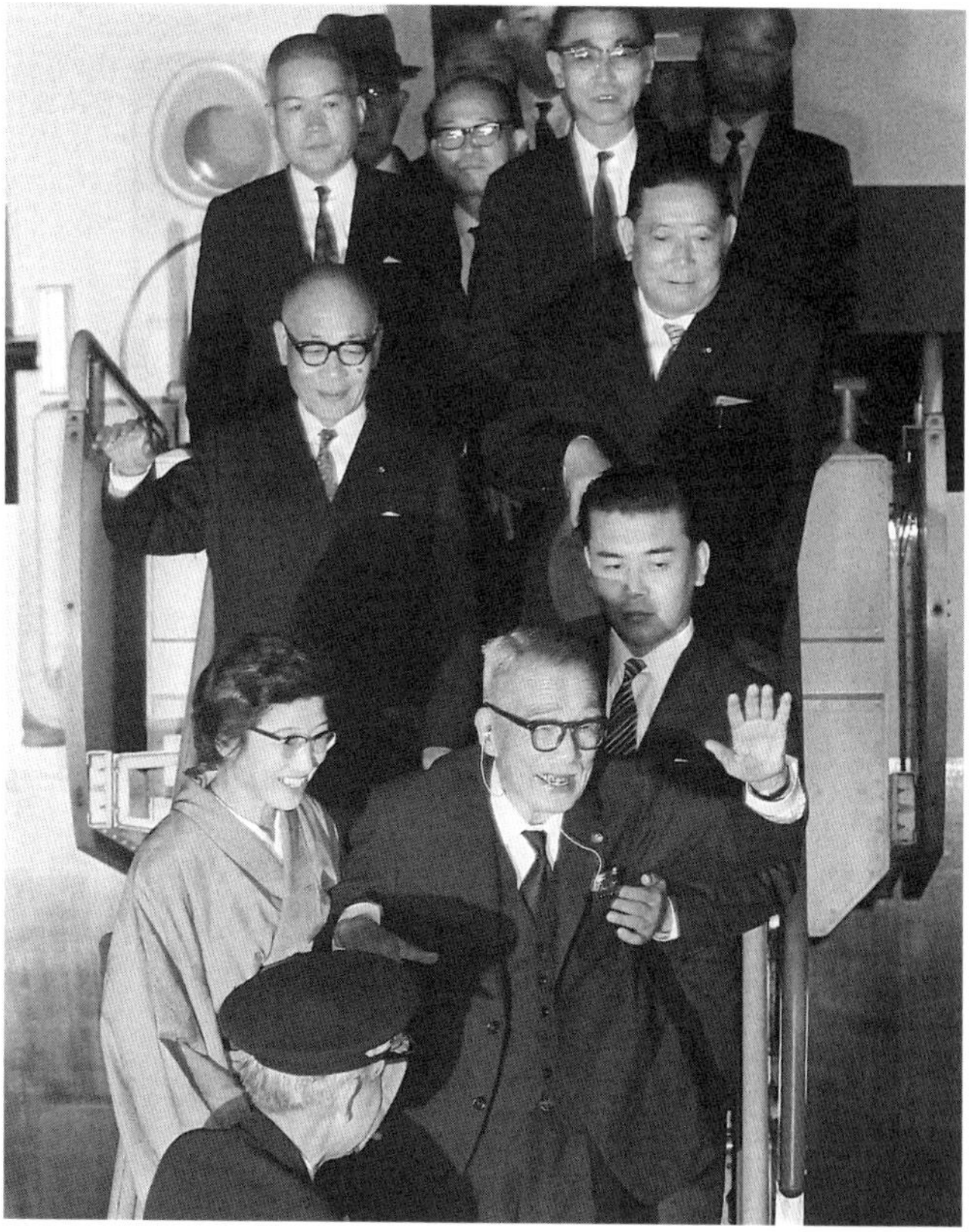

第5次訪中から帰国する松村謙三（前列右、撮影：1970年4月23日、羽田空港）
©時事

正常化が実現される前年に、八十八歳で逝去しました。

松村は一九五九年以降、中国を訪問するたびに、「中国は広い国土と豊富な資源をもつ大きな国です。アジアの平和のために、日本と中国はお互いの立場を認め合って、協力しなければならない。日中の国交回復は、われわれ両国の子孫のためにも、実現しなければなりません。ぜひ、友好的な関係を築きましょう」(9) と、中国の指導者層に訴え続けてきました。長年にわたり、日中国交回復に情熱を捧《ささ》げた政治家でした。

日中国交正常化に夢を託す松村

松村は最後の訪中の直前、池田大作創価学会会長（当時）と会談します。池田会長は、その二年前（一九六八年）に歴史的な「日中国交正常化提言」を発表していました。松村はそこで、池田会長に強く訪中を勧め、周恩来に紹介したいと伝えました。その時の池田会長の心情が小説『新・人間革命』第二十巻「友誼《ゆうぎ》の道」の章に綴《つづ》られています。

「伸一（＝作中での池田会長の名前）は、松村の気持ちはよくわかったし、その厚意は嬉《うれ》しかった。しかし、まだ、訪中は時期尚早であると感じ、丁重に辞退したのである。

当時、中国は文化大革命の渦中であり、中国国内では、宗教の否定に躍起になっていた時である。そのなかで、宗教者の自分が訪中すれば、松村自身にも、招聘した中国の関係者にも、迷惑がかかるかもしれないと、伸一は考えたのである。

また、国交正常化は、基本的には政治の次元の問題である。表に立つのは政治家でなければ、有効に物事を進めることはできない。伸一は、その考えを松村に話し、中国には、宗教者の自分ではなく、公明党に行ってもらうようにしたいと告げたのだ[10]」

この会談のすぐ後に訪中した松村は、池田会長の意向を周恩来に伝えました。周恩来は松村に「いつでも池田会長の訪中を熱烈に歓迎します[11]」との伝言を託しました。

まさに、ここに〝日中国交回復前夜の歴史〟が刻まれています。こうして松村の日中国交正常化への情熱のバトンは、次世代へと託されていったのです。

第三節

仏教者として民間交流に貢献した趙樸初

仏教は両国人民をつなぐ懸け橋

日本に留学経験のあった周恩来は、日本に深い関心を寄せながら、日本との友好の道を模索していました。しかし戦後、時の日本政府が中国敵視政策をとったことから、政府間で関係改善を図ることが非常に困難な状況に置かれました。そこで周恩来は「以民促官」の考えに基づき、民間交流へと力を入れていったのです。そして、周恩来が着目したのが日本の〝民〟の動きであり、中でも宗教団体として大衆に立脚しながら躍進を見せていた創価学会でした。

周恩来は、当時の日本の発達した高速道路のシステムにも関心を持っていたため、高速道路と創価学会に関する情報を集めるよう二人の人物に指示しました。一人は後に触れる孫平化《そんへいか》ですが、もう一人が趙樸初《ちょうぼくしょ》という人物でした。

趙樸初は、新中国建国後の中国仏教界の主要指導者として知られています。周恩来からの信頼も厚く、中国仏教協会の発足に貢献し、秘書長、副会長、会長などの要職を歴任しました。仏教がどうすれば中国現代社会に適応するかを一貫して模索し続けた人物です。

もともと日本と中国との間では仏教界の往来が頻繁に行われていましたが、趙樸初も仏教協会の会長として中国と日本を行き来しています。

趙樸初は、仏教者の立場から両国友好に向けた仏教の役割について、次のように語っています。

「同じ流れを受け継ぐ中日の仏教は、両国人民をつなぐ架け橋であり、絆である」[12]と。

創価学会の池田会長も一貫して「中国は仏教伝来の大恩ある国」と語っています。

仏教が中国から日本へと伝来して以来、

仏教者の立場から日中友好に尽力した趙樸初
Ⓒ共同通信社

両国が共有してきた仏教を通じて日中友好の懸け橋を築いていく——それが趙樸初の信条であったのです。

日本の仏教界との深い絆

一九五二年十月、北京で開かれた「アジア・太平洋地域平和会議」の際に、趙樸初は日中両国の平和と友好を祈り、観音菩薩《ぼさつ》像を日本仏教界に贈りました。このことは日本の仏教界に大きな反響を引き起こしました。

一九五五年八月六日には、第一回原水爆禁止世界大会に出席するため、趙樸初は中国の代表団の一員として初めて日本を訪れます。日本政府は当初、国交がないことを理由に中国代表団にビザを出さない方針を表明していましたが、中国仏教界を代表する趙樸初が代表団の一員であることを知った日本の仏教界の有志が、当時の内閣総理大臣・鳩山一郎に働きかけました。これにより、趙樸初を含む中国代表団の訪日が実現したのです。

趙樸初は広島を訪れた後、長崎と大阪で行われた原水爆禁止地方大会にも出席しました。その合間に京都を訪問し、当時、東本願寺の住職であり、日本仏教交流懇談会の会長も務めていた大谷瑩潤《おおたにえいじゅん》と懇談をしています。それ以来、毎年のように原水爆禁止世界大会に出席し、日本の仏教界との交流を続けていきました。

こうした趙樸初の貢献に対し、一九八一年、日本仏教会は「仏教伝道功労賞」と「日本仏教大学名誉博士」の称号を授与しています。さらに一九八五年には、庭野平和財団が趙樸初の社会貢献活動、特に宗教協力に関する平和推進活動を評価し、「庭野平和賞」(13)を贈っています。

趙樸初が交流した日本仏教界の一人が、京都の清水寺《きよみずでら》の大西良慶《おおにしりょうけい》です。大西も日中の友好のために活動した仏教者です。大西は一九六〇年、「日中不戦の誓い」の署名の発起人となり、八十歳を超えていながら署名運動を行いました。そして、そこで集まった署名簿を趙樸初に送っています。大西が百七歳で亡くなる前年、一九八二年に趙樸初が日本を訪問した時には、「私は限りのある歳月を、あなたを待って過ごしてきた。中日両国の仏教界の友好は、両国国民だけでなく、世界に資するものである(14)」と語りかけたといいます。大西は日中友好の信念を貫き、趙樸初との交流を重ねたのです。

趙樸初はこう語っています。「先徳を記念して、歴史を忘れず、子々孫々の友好を(15)」と。仏教を通した交流の歴史を重んじ、そこから未来の日中友好の姿を願っていたのです。そしてその視線は日中間に留《とど》まらず、東アジアの平和をも見据えたものでした。

一九九三年、趙樸初を団長とする中国仏教協会代表団は、日本での中国仏教協会設立四十周年記念活動に参加するため、日本を訪問。韓国の仏教界の代表も出席していた中、挨拶《あいさつ》に立った趙樸初は、「中、日、韓三国の仏教文化は私たちの三国国民の黄金の絆であり、この絆を大切に守り、引き続き発展させなければなりません(16)」と述べています。

このように、趙樸初の生涯は、一人の仏教者として仏教文化で結ばれた〝黄金の絆〟を守り、東アジアの平和を願った人生であったのです。

仏教を通じて共鳴した趙樸初と創価学会

日中友好の礎《いしずえ》を築いてきた高碕達之助、松村謙三らは周恩来に対し、日本の創価学会に注目すべきと伝えていました。大衆に根差した創価学会の存在に関心を持っていた周恩来は、趙樸初に「日本に行ったら、日本の創価学会と、もし機会があれば、チャンスがあれば、関係を作りなさい」と指示しました。[17]

その後、創価学会に関する調査研究を進めていった趙樸初が初めて池田会長と会ったのは、国交回復後の一九七四年五月のことです。

五月三十日、池田会長を団長とする創価学会第一次訪中団が中国を訪れます。北京空港で廖承志、張香山《ちょうこうざん》、孫平化とともに趙樸初が池田会長一行を出迎えました。さらに六月四日、池田会長一行は、北京市郊外にある頤和園《いわえん》に招かれます。頤和園は、清朝の西太后の離宮として知られる大庭園です。ここでしばらくの間、仏教をめぐる語らいが行われました。

その時の一幕が、池田会長の小説『新・人間革命』第二十巻「友誼の道」の章の中に綴られています。

「趙は日中戦争の時代、人民の救済に苦闘した体験を語り始めた。

『道端で、飢えと寒さ、病気などで多くの人びとが死んでいきました。大部分が赤子であり、農民でした。皆、貧しい人たちでした。しかし、そうした姿を見ても、戦時下の古い社会では、救う手立てはありませんでした』

仏教界も腐敗堕落し、むしろ、人民大衆を苦しめる存在に堕《だ》していた。

彼は、ひときわ強い口調で訴えた。

『本来、仏教の精神は人民に奉仕することにあるはずです。人民が苦しんでいる。しかし、何もしない。そんなことが許されるでしょうか！』

伸一の目が光った。間髪《かんはつ》を入れずに答えた。

『おっしゃる通りです。人民のため、社会のために身を挺《てい》して戦う——それが菩薩であり、仏です。仏法者の在《あ》り方です。その行動のない仏教は、まやかしです(18)』と。

そしてその一幕は次のように締めくくられています。

「別れ際に彼は言った。

『山本先生（＝作中の池田会長の名前）が仏教の研究だけでなく、中日の友好のために努力されていることに感謝いたします』

『私こそ、歓待《かんたい》に深く感謝いたします。また、お会いして、仏法について大いに語り合いましょう』

趙副会長と伸一は、この後《のち》も何度も会い、友誼を重ねていくのである[19]」と。

実際にその後も二人の仏教を通じた共鳴の友誼は幾重にも続いていきました。一九七八年四月十二日、趙樸初は聖教新聞社を訪れ、この時には「趙樸初桜」が植樹されています。後年、年々に咲き誇る「趙樸初桜」の姿が写された写真が送られてくると、趙樸初は頤和園での池田会長との思い出を懐かしみながら喜んでいたそうです。

一九九七年六月、趙樸初から池田会長のもとに届けられた書籍には、次の一文が添えられていました。

「二十余年前に植えた『勝利の因』。それは百年、千年の未来に、友好の『円満の果』を結ぶでしょう[20]」と。

今日まで築かれてきた日中友好の背景には、仏教に基づく共鳴の絆があったのです。

第四節

中国から厚い信頼を得た有吉佐和子

海外に視線を向けた女性作家

民間人として日本と中国をつなぎ、創価学会と中国をもつないだ人物が、作家の有吉《ありよし》佐和子《さわこ》です。有吉もまた高碕達之助や松村謙三とともに日中友好に大きく尽力した一人でした。

一九三一年に和歌山県で生まれた有吉は、銀行に勤めていた父親の海外赴任に伴い、一九三七年に旧オランダ領東インドのバタヴィア（現在のインドネシアの首都ジャカルタ）で暮らすことになります。小学生時代を海外で過ごし、一九四一年に日本に帰国します。その後、東京女子大学に入学しますが、家の事情などにより途中で休学し、その後編入して東京女子短期大学の英語学科を卒業しています。

卒業後は旧大蔵省の外郭団体の職員として勤め、それから舞踊家の吾妻徳穂《あづまとくほ》の秘書になりました。大学時代から演劇評論家を志していた有吉は、その頃から徐々に作家としての活動を展開していきます。

一九五九年に自らの家系をモデルとした長編『紀ノ川』を世に出したあたりで、小説家としての地位が確立されたといわれています。

有吉は小学生時代を海外で過ごしたこともあり、英語も達者で国際感覚に長《た》けていました。しばしば海外旅行に出かけ、一九五九年から一九六〇年にかけては、演劇を学ぶためにニューヨーク州にあるサラ・ローレンス・カレッジへ九カ月間留学しています。

中国から絶大な信頼を得た作家・有吉佐和子
Ⓒ時事

帰国後は、朝日新聞社の特派員としてローマ・オリンピックの取材にも携わり、より一層海外へと視線を注いでいくようになります。

また、一九七〇年から一九七一年にかけてハワイ大学を訪問し、そこで半年間、「江戸後期の戯曲文学」の講義も行っていました。

中国の農民と寝食を共にする

海外に関心を持っていた有吉は、中国との縁も深めていきます。有吉の最初の中国訪問は国交回復前の一九六一年のことです。当時、すでに作家としての活動を始めていた有吉は、昭和期の文芸評論家・亀井勝一郎を団長とする文壇訪中団に参加しました。それ以来、中国からの招聘をたびたび受けることになります。

一九六五年、有吉は中国のカトリックといわれる天主教の調査をするために中国に半年間滞在しました。当時、外国人が中国に長い期間滞在することは難しかったのですが、周恩来が特別に許可を出したことで実現したのです。この時の調査については帰国後、一九七一年五月に『中国天主教――1965年の調査より』（岩波書店）として発刊しました。有吉はそれ以来、五回にわたり中国を訪問しています。

有吉が中国との縁を深めていく過程で、一つ特筆すべき行動があります。一九七八年に訪中した際、中国の農村について取材をしたことです。有吉は人民公社[21]に入り、「三同生活」を送ることにしました。三同生活とは、同じ屋根の下に寝て、同じ食事を摂《と》り、同じ労働をするという意味です。まさに、農村で農民と一緒に寝食を共にしたのです。当然のことながら当時はまだ、改革開放政策[22]がとられる前ですから、外国人が中国の農村に入ることにはかなり制限があり、人民公社に入って三同生活を送るなどというのは前代未聞のことでした。

この時のレポートが『有吉佐和子の中国レポート』（新潮社）として、一九七八年に発刊されています。その中で述べられていることですが、有吉が人民公社に入ることを中国の文芸評論家・周揚《しゅうよう》に伝えたところ、周揚は「虎穴《こけつ》に入らずんば虎児《こじ》を得ずというのが毛主席も大好きな言葉でした。その覚悟で出かけて下さい。そして、いい面も悪い面も両方ともよく見てほしい。よろしいですか[23]」と言ったそうです。有吉はこの言葉に非常に驚きました。同レポートの中で有吉はその時の心境をこう綴っています。

「私は、しばらく茫然《ぼうぜん》として耳を疑っていた。かつて四回も中国に来ている間、こうした言葉を中国の人が口にしたことはなかったのだ。いい面と悪い面が共存することなど、中国では決してないことになっていた。（中略）中国は変った！　本当に変った、と私は思った」[24]と。

そして、実際に農村に入った有吉は、中国の農村におけるさまざまな実情を目《ま》の当たりにしていきます。ある時は、日本ではすでに使用が禁止されている農薬が中国の農村では今もなお使用されていることを知り、農薬被害の深刻さを農民に対して懸命に説明しました。

またある時は、農民の労働を監視していた元地主との会見にも成功します。それまでの中国では、外国人が元地主に接触するのはありえないことでした。こうした前例のない取材活動がなぜ実現できたのか。それは中国政府の有吉に対する信頼が、とても厚かったことにあります。

自らの目で中国を見る

中国が有吉に対し、厚い信頼を抱いていた背景には、有吉自身の取材哲学に基づいた中国人との数々の交流がありました。

一九六一年に文壇訪中団の一員として初訪中した際、そこには亀井勝一郎のほか、小説家の井上靖や文芸評論家の平野謙らも同行していました。有吉は、その代表団の中では最年少で唯一の女性でした。訪中に際し、有吉は亀井から「なるべく地味なものを着るように心がけてください」とアドバイスをされていたのですが、大学時代から歌舞伎を好んでいた有吉は、日本の文化を示そうと自分の好きな和服姿で中国に向かいました。

北京に入った訪中団は、そこで周恩来と会見をします。その時、末席にいた有吉のところに周恩来が歩み寄り、和服をほめたところ、有吉は周恩来にこう言いました。「この着物の柄が、牡丹《ぼたん》でなくて残念です」。この有吉の言葉に対し、周恩来は「あなたこそが牡丹の花です」と応じたのです。(25) 有吉は、この時のやりとりから、中国に根ざす文化の心を感じたのではないかと思います。

また、この会談の時の記念撮影では、最年少であった有吉は、周囲への配慮から中心よりちょっと離れたところに立っていました。ところが、何枚かの撮影後、周恩来が有吉の横に立ち、隣り合わせでの撮影も行われました。その写真が『有吉佐和子の中国レポート』の中に掲載されており、周恩来の隣に白い和服姿の有吉が笑顔で立っています。

周恩来との交流のほかにも有吉は、中国の一流の作家として知られる老舎《ろうしゃ》、夏衍《かえん》、謝《しゃ》冰心《ひょうしん》らや、LT協定で知られる廖承志とも親しく交流しました。有吉の娘・有吉玉青《たまお》の名前は廖承志が命名しています。また、有吉が中国に滞在していた時の通訳の一人として、現在の中日友好協会会長の唐家璇《とうかせん》がいました。

こうした交流を通じて有吉は、自らの目と体で中国を知っていったのでした。そして、中国側も有吉のこうした姿勢を受け入れていったのです。

有吉はレポートの中で中国への見方をこう綴っています。

「明治以来、日本人はヨーロッパ諸国を知ろうとして懸命になって努力してきた。ここ三十年は、アメリカを知るために必死になった。それだのに、かつて日本は一度として中国を知ろうと努力した時期があっただろうか。同じ黄色人種だということや、文字や文化の数々が日本に伝来しているからという気安さから、分っているのだという誤解が長い間、中国と日本の間には生れていた。(中略)私は半年北京にいて、中国人と日本人の距離は、アメリカ人と日本人との距《へだた》りより大きいのを痛感した。(中略)まず歴史が違う。人口が違う。国土の大きさが違う。考え方が違う。顔も違う。決して似ていない。私は随分、ほかの外国へ行っているが、中国ほど来る度に此処《ここ》は外国だと痛感する国は他にないのだ[26]」と。

この有吉の指摘は、現在の日本のスタンスにもあてはまるのではないでしょうか。

私自身、このレポートを読んだ時、そうした日本のスタンスを打ち破るべく、自らの目で中国を見ようとする有吉の信念の行動を見た思いがしました。

ありのままの中国を池田会長に伝えた有吉佐和子

作家として自らの目で中国の姿を見ようと努めた有吉佐和子は、その中国が関心を寄せる創価学会についても注目していました。

有吉は、一九六一年に文壇訪中団の一員として初めて中国を訪問した際、周恩来との会談の場で創価学会について、「最近の日本ではいろんな宗教団体が活躍しています。その一つである創価学会は今急速に成長しています。その主体である構成員は真面目な勤労大衆です。中国は日中友好団体ばかりでなく、創価学会のような大衆団体となんらかの形で交流を始めたらいいのではないでしょうか[27]」と進言しています。

有吉がこう進言したのには、かねて有吉が、文学を通じて作家でもある創価学会・池田大作会長（当時）との交流を通し、創価学会を見ていたことがあります。有吉と池田会長の交流は通算で八回に及びます。有吉の印象について池田会長は、「思い込んだら一直線。わき目もふらずに、駆け出していく。それが有吉佐和子さんの美しさだった[28]」「あけっぴろげで、人なつっこく、飾り気のない、天衣無縫の童女のおもむき[29]」と評しています。

有吉は、一九六五年に半年間中国に滞在しました。その帰国後、池田会長と会談し、そこで創価学会が中国に関心を示していることを確認しました。

翌一九六六年五月、婦人誌『主婦の友』の企画で、池田会長と有吉との対談が行われました。この時の対談は、信濃町の創価学会本部で行われましたが、有吉は目覚ましい躍進を見せる創価学会の応接室が、非常に簡素なことにとても驚きました。周恩来も決して派手な事務所を使わないことで知られていましたが、池田会長もまた庶民に近い目線でいることを感じたのです。

そこで有吉は、池田会長に自らが見てきた中国について次のように語りました。

「これまで三回、中国に行ってきました。毛沢東主席と周恩来総理にも会ってきました。共産主義の中国は何となく『こわい』感じがしていましたが、とんでもない思い違いでした。みなさん陽気で、明るくて、建設の息吹にあふれています。自信を持っています。未来への展望があります。『将来、この国は必ず発展するだろう』と、指導者たちの姿を見て、感じました[30]」

この有吉の言葉は、かねてから中国に注目していた池田会長を後押しするものであり、公明党が結成時の活動方針で掲げた「中国との国交回復の推進」との方向性にも追い風を送るものであったと思われます。

周恩来からの伝言

また、有吉は、対談の場で中国が創価学会に関心を寄せていることを伝えました。

「ぜひ、ご報告したいことがあります。中国は、創価学会に非常に関心をもっています[31]」

「実は、周総理から、伝言を預かってまいりました。『将来、池田会長に、ぜひ中国においでいただきたい。ご招待申し上げます』と伝えてください、とのことでした[32]」

周恩来からの伝言を聞いた池田会長は、「ありがとうございます。将来、いつの日か、必ず考えます。有吉さんのご厚情は忘れません[33]」と丁重に感謝の意を伝えられたそうです。

池田会長は小説『新・人間革命』第十三巻「金の橋」の章の中で、この時の心境を「いよいよ本格的に、日中友好に動き始める『時』が来たことを実感した[34]」と綴っています。まさにこの時から二年の歳月を経て、歴史的な「日中国交正常化提言」がなされたのです。

中国と創価学会のパイプ役

池田会長との会談を終えた有吉は、『光明日報《こうみょうにっぽう》』（中国の日刊新聞）の記者であり、有吉の友人でもあった劉徳有《りゅうとくゆう》に連絡を入れました。そして劉徳有に対し、「創価学会は、まじめな団体です。学会には若い方が大勢いらっしゃいます。みんな誠実で立派な人ばかりです。彼らと会ってみる気持ちはありませんか[35]」と伝えました。

この話を聞いた劉徳有は、ＬＴ貿易の中国側の東京事務所首席代表である孫平化と連携をとり、共に創価学会と接触することになりました。

一方、有吉は創価学会本部に連絡を入れ、中国の友人が創価学会幹部との語らいを希望していることを伝えました。池田会長は、中国と末永く交流を図り、忌憚《きたん》のない率直な語らいをしていく上では、青年が会うべきであるとの考えから、秋谷栄之助《あきやえいのすけ》青年部長（当時）をはじめとする青年部幹部三人を会談に向かわせました。

中国側は劉徳有と孫平化に加えて、『大公報《だいこうほう》』（香港《ホンコン》の新聞）の記者であった劉宗猛《りゅうそうもう》も加わり、有吉の立ち会いのもと三人ずつの会談が港区の八芳園で行われました。

会談は、緊張した雰囲気で始まり、はじめは双方ともに、慎重で言葉も少なかったそうです。しかし、学会青年部は、この機会に中国のことを学ぼうとの思いで、単刀直入に疑問点を尋ねていきました。中国の社会の現状や青年の様子などを聞くうちに、互いに打ち解け、時には、活発に議論する場面もあったといいます。

池田会長が会談から戻った青年部に語った場面が、小説『新・人間革命』第十三巻「金の橋」の章の中にこう綴られています。

「国と国との外交といっても、すべては人間同士の信頼から始まる。だから、私たちは、日本の国が、どういう政策をとろうが、中国の人たちとの、人間性と人間性の触れ合いを常に大切にし、人間としての誠意ある外交をしていかなければならない[36]」

中国と創価学会が初めて接触したこの時の会談は、懇談的に終わりました。それはまさに人間性と人間性の触れ合いによる相互理解のための対話であり、それが双方の間で実現した意義はとても大きなことであったと思います。

創価学会との接触を周恩来が指示してから約五年の月日を経て、ついに中国と創価学会が初めて接触する場が実現したわけですが、その仲介役を務めたのが一人の作家・有吉佐和子という人物だったのです。

第五節

語学力を発揮した劉徳有

日本語との不思議な縁

作家・有吉佐和子の仲介によって実現した創価学会と中国との初会談に出席していた中国側の人物に劉徳有がいます。

劉徳有は一九三一年、遼寧省《りょうねいしょう》の大連《だいれん》の地で生まれました。大連はその三十数年前から、すでに日本の統治下にありました。劉徳有が生まれた一九三一年には「満州事変」が勃発し、大連で生活していた中国の人々は、日本が対中侵略を拡大させる中で、苦しい生活を強《し》いられていきます。

そのような中で、劉徳有は四歳半から日本人が経営する幼稚園に入ることになり、そこで日本語に接することになります。幼稚園には中国人の子どもはわずか二、三人しかおらず、ほかは日本人の子どもたちでした。はじめは言葉が通じなかったものの、二年半の時を過ごす中で、劉徳有は次第に日本人の子どもとほとんど変わりなく日本語が話せるようになっていきました。

その後も日本人が経営する大連霞《かすみ》尋常小学校、大連中学校へと進み、中学二年生（十四歳）の時に終戦を迎えました。終戦から新中国が建国される一九四九年までの四年間、劉徳有は日本人居留民のために開設された大連市日僑《にっきょう》学校で、日本人に中国語を教える職に就いていました。

その後、一つの転機が訪れます。一九五三年、雑誌『人民中国』の日本語版が創刊されることになり、創刊に向けて日本語のできるスタッフが募集されました。その時に、同誌を発刊する中国外文出版社に勤めていた編集者の康大川《こうだいせん》が、日本語に通じていた劉徳有を見つけ出します。その縁で劉徳有は北京に転職することが決まりました。『人民中国』編集部には、池田亮一《いけだりょういち》、菅沼不二男《すがぬまふじお》、林弘《はやしひろし》、戎家実《えびすやみのる》、松尾藤雄《まつおふじお》、岡田章《おかだあきら》から日本人が働いていました。その中で、劉徳有は翻訳係に配属され、日本人スタッフからさまざまなアドバイスを受けながら、日本語への翻訳作業に従事していきます。この時の経験が、劉徳有の日本語力をより一層高めさせたのです。

また、劉徳有は日本の文学作品の翻訳にも携わりました。有吉佐和子の『祈禱《きとう》』、大《おお》江《え》健三郎《けんざぶろう》の『不意の啞《おし》』、尾崎一雄《おざきかずお》の『虫のいろいろ』、芥川龍之介《あくたがわりゅうのすけ》の『芋粥《いもがゆ》』、野間《のま》宏《ひろし》の『残像』などの小説を翻訳し、日本語力の上達につながりました。

文学作品の翻訳に携わっていたことから、劉徳有は有吉佐和子と親交を持つようになったわけです。後に有吉が創価学会と中国との接点をつくったことを思うと、劉徳有が日本語に通じていったことには不思議な縁を感じます。

言語による相互理解の大切さを学んだ劉徳有
Ⓒ共同通信社

言語による相互理解を促進

『人民中国』編集部に勤務していた劉徳有のもとには、中国要人の会見での通訳の依頼がたびたび寄せられるようになりました。そして、一九五〇年代半ばから一九六〇年代半ばにかけては、毛沢東や周恩来、劉少奇《りゅうしょうき》、陳毅《ちんき》、郭沫若といった中国の指導者が、日本人と会見する際の通訳を務めています。

劉徳有は翻訳や通訳の仕事を通して、中国語と同じ漢字を使う日本語で、的確に表現していくことの難しさと大切さを学んでいったのです。

劉徳有の言語を重んじる意識は、後の行動にも表れていきます。日本滞在時には、日本の伝統的な俳句に接しました。中国に戻って文化部で仕事をするようになると、当時中国で流行していた「漢俳《かんぱい》」と呼ばれる中国語で書く俳句に凝《こ》ります。中国には日本のような俳句はありませんでしたが、一九八〇年代のはじめ頃から、俳句の形を模して、十七字の漢字を五・七・五の三行に分けて書く「漢俳」が中国国内で注目を集めるようになっていたのです。「漢俳」に傾注していった劉徳有は、二〇〇五年三月に中国で初めて創立された「漢俳学会」の会長に就任しています。

劉徳有は自著『わが人生の日本語』（日本僑報社）の中で、この「漢俳」について、「疑いもなく、近年における中日文化交流の中で生まれた新しい成果のひとつ[37]」と綴っています。そしてまた、翻訳や通訳の仕事に携わった立場から、文化交流を促進する上での言語の重要性について、次のように述べています。

「私が特に言いたいのは、相互理解の実現には、文化交流が不可欠であるということです。文化交流は、美意識の次元で互いの理解を促進できます。文化の次元では、完全な翻訳は不可能かもしれませんが、相手の美意識を理解したうえで置き換える方法を考えるのが翻訳の最高の境界ではないかと思います[38]」

このように劉徳有は、言語を通じて日中の相互理解の促進に寄与していったのです。

創価学会との出会い、「日中国交正常化提言」を中国に伝える

一九六二年に調印されたLT協定により、日中両国の間で記者交換協定が結ばれました。この協定のもと、劉徳有は中国が派遣した第一陣の記者団の一人として東京に着任します。劉徳有が記者として日本に滞在した期間は、一九六四年から一九七八年まで、実に十五年に及びました。この間、国交未回復の時代における日中間の民間交流から、一九七二年の国交正常化の実現以降の日中関係の変化を、日本の地で見ていったのです。

そして、この日本滞在期間中に、有吉佐和子の仲介によって実現したのが、一九六六年の創価学会青年部との会談でした。この時の会談からおよそ二年の時を経て、池田大作会長が歴史的な「日中国交正常化提言」を発表します。

劉徳有は、二〇〇二年九月二十日に、日中国交回復三十周年を記念して、創価大学で行われた講演「池田提言の歴史的意義と今後の日中関係」の中でこう語りました。

「中日国交がまだ回復を見ないときに行われた池田大作会長の提言は、日本国民の日中両国の友好に対する願望を反映し、歴史の潮流に合致する先見の明のあるものであったと言えましょう[39]」

劉徳有はここで、「日中両国の友好に対する国民の願望」が提言に反映されていると語っています。またこの講演の時に、池田会長と会談した劉徳有は、その年に発刊していた自著『時は流れて』（藤原書房）を池田会長がすでに読んでいたことを知り、とても感激したそうです。そして、その時のことを振り返り、後にこう語っています。

「池田先生の言葉を借りると、『周総理は人の心の分かる人』ですが、私自身、池田先生もまた、人の心の分かる人と思えてなりません。

特に、池田先生は本当に庶民の心が分かる人です。

私は幼い頃、大連に住んでいましたが、日本の植民地支配のひどい時代でした。食糧不足で、我が家は子供が多いし、父親の儲《もう》けはあまりない。だから、母は食べ物を子供たちに全部譲って、自分は腐ったりんごのわずかに残ったいいところを、隠れて食べて飢えをしのいでいたんです。

そんなことを、私が本に綴ったところ、池田先生はそこに注目された。母の偉さ、子供を思う親の気持ち、互いに寄り添う家族の姿に、涙を流してそこを読ましていただいたと言われた時、私のほうが感激してしまいました」(40)

日中の国交回復の根底には、周恩来と池田会長が共通して大切にしていた〝庶民の心〟があったのだと思えてなりません。そして、池田会長の提言に脈打つ庶民の心を翻訳して、中国に打電した人物こそが劉徳有であったのです。

このことはまさに、幼き頃に日本語に縁し、翻訳や通訳の仕事を通じて、言語による相互理解の大切さを学んだ劉徳有だからこそ担い得た、「両国国民の心をつなぐ行動」であったといえるのではないでしょうか。

（1）**「隣国中国を、日本は過去三十年間侵略し……」**
『高碕達之助集　下』（東洋製罐株式会社）、一六八ページ

（2）**「お国（中国）の政治体制（共産主義）は……」**
中国外交部一次資料「周恩来総理会見日本高碕達之助等人談話記録」（一九六〇年十月十三日）

（3）**「日中貿易の機関車は動き出した。しかし……」**
『忘れ難き歳月――記者たちの見た中日両国関係』（五洲伝播出版社）、四八ページ

（4）**「この中日貿易という列車を上手に運転して……」**
同前、四九ページ

（5）**日ソ共同宣言**
一九五六年に調印された「日本国とソビエト社会主義共和国連邦との共同宣言」のこと。両国の戦争状態を終結し、外交関係を回復させた。領土問題については「外交関係回復後も平和条約締結交渉を続ける」「平和条約締結後に、ソ連は日本に歯舞群島と色丹島を引き渡す」とされている

（6）**「松村は、首相就任間もない石橋と会談し……」**
田川誠一『松村謙三と中国』（読売新聞社）、七九ページ

（7）**「会談の中で松村が日中の関係改善を……」**
中共中央文献研究室編『周恩来年譜（1949―1976）』（中央文献出版社）中、一〇一ページ

（8）**文化大革命**
中華人民共和国内で、一九六六年に始まった大規模な思想・政治闘争。「プロレタリア文化大革命」という。中国共産党の権力闘争の側面が強く、極端な政策によって国内は混乱し、多数の犠牲者が生まれた。七六年の毛沢東の死去で収束に向かう

（9）**「中国は広い国土と豊富な資源をもつ……」**
中国国債広播電台（中国国際放送局）、「第二十三回中日国交正常化に尽くした日本政治家―松村謙三」（http://japanese.cri.cn/20180423/3a072969-a3f2-b86a-1b82-7b43cab19e47.html）、最終閲覧日：二〇二〇年十二月十七日

（10）**「伸一は、松村の気持ちはよくわかったし……」**
池田大作『新・人間革命』（聖教新聞社）第二十巻、一四ページ

（11）**「いつでも池田会長の訪中を熱烈に歓迎します」**
池田大作・章開沅『人間勝利の春秋　歴史と人生と教育を語る』（第三文明社）、一八六ページ

（12）**「同じ流れを受け継ぐ中日の仏教は……」**
中国網、「特集2005.感知中国　中国・日本両

国人民の友好の絵巻物」(http://japanese.china.org.cn/japanese/185451.htm)、最終閲覧日:二〇二〇年十二月十七日

(13) **庭野平和賞**
公益財団法人・庭野平和財団による、宗教的精神に基づき世界平和に尽力した個人や団体への表彰

(14) **「私は限りのある歳月を、あなたを待って……」**
中国網、「特集2005.感知中国　中国・日本両国人民の友好の絵巻物」(http://japanese.china.org.cn/japanese/185451.htm)、最終閲覧日:二〇二〇年十二月十七日

(15) **「先徳を記念して、歴史を忘れず……」**
同前

(16) **「中、日、韓三国の仏教文化は……」**
龍泉之聲、「黄金の絆」(http://jp.longquanzs.org/jp/index.php?option=com_content&view=article&id=281:2008-10-24&catid=20:cat-5-3&Itemid=113)、最終閲覧日:二〇二〇年十二月十七日

(17) **「日本に行った時には、日本の創価学会と……」**
三津木俊幸「周総理と池田先生―会見前後の知られざる秘話―」、『創価教育研究』創刊号(創価大学創価教育研究センター)収録、一二七ページ

(18) **「趙は日中戦争の時代、人民の救済に……」**
池田大作『新・人間革命』(聖教新聞社)第二十巻、七四ページ

(19) **「別れ際に彼は言った……」**
同前、七六ページ

(20) **「二十余年前に植えた『勝利の因』。それは……」**
『聖教新聞』二〇一六年一月十五日付、「SGI会長の対話録Ⅱ　中国仏教協会・趙樸初」

(21) **人民公社**
かつて中国の農村に存在した組織で、一郷一社の規模を基本単位とし、従来の権力機構と合作社を一体化した末端行政機関

(22) **改革開放政策**
一九七八年以降、鄧小平を中心に実施された中国国内体制の改革および対外開放政策。文化大革命後の中国経済の立て直しを目指し、人民公社の解体や経済特別区の設置、海外資本の積極的な導入などが行われ、市場経済への移行が推進された

(23) **「虎穴に入らずんば虎児を得ずというのが……」**
有吉佐和子『有吉佐和子の中国レポート』(新潮社)、三二ページ

(24) **「私は、しばらく茫然として耳を疑っていた……」**

同前

(25)**「着物の柄を……」**
丸川賀世子『有吉佐和子とわたし』（文藝春秋）、七三ページ

(26)**「明治以来、日本人はヨーロッパ諸国を……」**
有吉佐和子『有吉佐和子の中国レポート』（新潮社）、一四〇ページ

(27)**「最近の日本ではいろんな宗教団体が活躍……」**
中共中央文献研究室編『周恩来年譜（1949―1976）』（中央文献出版社）中、二九六ページ

(28)**「思い込んだら一直線。わき目もふらずに……」**
『聖教新聞』二〇〇七年七月十一日付

(29)**「あけっぴろげで、人なつっこく……」**
同前

(30)**「これまで三回、中国に行ってきました……」**
同前

(31)**「ぜひ、ご報告したいことがあります……」**
同前

(32)**「実は、周総理から、伝言を預かって……」**
同前

(33)**「ありがとうございます。将来、いつの日か……」**
同前

(34)**「いよいよ本格的に、日中友好に動き始める……」**
池田大作『新・人間革命』（聖教新聞社）第十三巻、三三ページ

(35)**「創価学会は、まじめな団体です……」**
『人民日報海外版日本月刊』（日本新華僑通信社）特別増刊号二〇一二年九月、二五ページ

(36)**「国と国との外交といっても、……」**
池田大作『新・人間革命』（聖教新聞社）第十三巻、三八ページ

(37)**「疑いもなく、近年における中日文化交流……」**
劉徳有『わが人生の日本語』（日本僑報社）、二九一ページ

(38)**「私が特に言いたいのは、相互理解の実現……」**
『人民中国』（東方書店）二〇〇七年八月号

(39)**「中日国交がまだ回復を見ないときに……」**
劉徳有「池田提言の歴史的意義と今後の日中関係」、『創価教育研究』第二号（創価大学創価教育研究センター）収録、二一二ページ

(40)**「池田先生の言葉を借りると……」**
『人民日報海外版日本月刊』（日本新華僑通信社）特別増刊号二〇一二年九月、二九ページ

第三章

巡りあう創価学会と中国

第一節

創価学会と中国をつなげた人々

創価学会の存在を進言した高碕達之助

日中間の貿易交流に尽力した高碕達之助《たかさきたつのすけ》には創価学会との不思議な接点がありました。高碕の自宅は創価学会本部のある東京・信濃町《しなのまち》にあり、高碕は創価学会本部に出入りする多くの青年の姿を日頃からよく見かけていたのです。そして、「元気のある団体だ」「若い人が多い」との印象を持っていました。

高碕は、岸信介《きしのぶすけ》内閣のもと中国との関係が一時断絶した時、「政治だけでは限界がある」と感じ、また自身が高齢であることも踏まえて、いかに中国との交流を持続し、国交正常化を実現していくのかについて思慮していました。その時に、青年の多い庶民的な団体である創価学会に着目したのです。

そして、高碕は一九六〇年に北京《ペキン》を訪問した際に、日本の情報を求めていた周恩来《しゅうおんらい》に対して創価学会の存在を伝えました。「日本に創価学会という仏教の信徒集団があります。一九六〇年に池田大作という人が会長になったのを契機として会員は急速に増えています。私の家がたまたま学会本部の近くにあり、日ごろ注意して観察しているのですが、会員は一般の庶民が多く、真面目で礼儀正しく、平和問題にも熱心です。日中間の民間交流、そして将来の国家間の関係改善を目指す上で、この勢力を無視することはできません。中国はこの人たちと交流すべきです(1)」と。

高碕によるこの進言を聞いた周恩来は、庶民の団体という点に着目しました。文化大革命が起こる前、中国は日本共産党や日本社会党と緊密な関係を持っていましたが、しかし、そうした組織に属する労働者は「組織された労働者」でした。一方、創価学会に属する庶民は、そういった組織に組み込まれない「市井《しせい》の人たち」でした。その大衆性に着目した周恩来は、創価学会の中に新たな日本の民衆運動の大きな潮流を見ていたのだと思います。この時が、創価学会と中国が一本の線で結ばれた瞬間となったのです。

実は、高碕と創価学会との縁は、戸田城聖第二代会長の時代にすでに結ばれていました。一九五三年十一月に創価学会本部が西神田から信濃町に移転して以来、戸田会長は近隣の人々と常に懇意にしていました。そうした姿を目にしていた高碕は、創価学会という団体の存在を認識していたのです。

また、さらに不思議なのは、一九五七年の参議院補欠選挙で大阪地方区に創価学会が候補者を擁立した際に、「中国貿易の促進」を公約の一つとして掲げていたことです。もともと実業家であった戸田会長は、経済人として中国との貿易に期待していたのかもしれません。その意味で、高碕に親近感を持っていた可能性もあると推察されます。

いずれにしても、高碕達之助が中国と創価学会をつなげたという歴史的事実に不思議な縁を感じてなりません。

孫平化と創価学会の不思議な縁

一九六二年にLT協定が結ばれたことで、日中両国は自国の連絡事務所を相手国内に設置することになり、中国側は廖承志《りょうしょうし》事務所を東京に設置しました。このチャンネル

孫平化中日友好協会副秘書長（左から2人目）と握手する田中角栄首相
（撮影：1972年8月15日、東京・千代田区の帝国ホテル）Ⓒ時事

を通して実現したのが両国の記者交換です。一九六四年九月二十九日、七人の中国人記者が東京に派遣されました。この七人の記者の一人が孫平化《そんへいか》です。

孫平化は戦前に日本に留学していた経験があり、日本語が堪能《たんのう》だったことから、一九六四年から一九六七年までの間、東京の廖承志事務所で首席代表を務めました。孫平化は後に廖承志の後を受けて中日友好協会会長も務め、その人生を中日友好へと捧《ささ》げていった一人です。

何度も日本と中国を往来していた孫平化はある時、周恩来に直接日本に関する情報を報告しました。その報告の中で周恩来の注意を引いたことが二つあります。一つは日本が高速道路を建設し、都市の交通渋滞を解決していたこと。そしてもう一つは創価学会の躍進についてです。

孫平化は、「池田会長の就任以来、わずか三年で三百万世帯に倍増しています。会員数は一千万人。日本の人口の一割が学会員です」と伝えました。この報告を聞いた周恩来は、すでに高碕から聞いていた創価学会に関する話とも合致すると感じ、孫平化に対して、高速道路に関する情報収集とともに、創価学会についてさらに情報を集め、接触を図るようにとの指示を出しました[2]。

もう一つ、注目すべきことは、孫平化が駐日記者として日本滞在中に宿泊していたのが、創価学会本部のそばにあった高碕邸だったことです。そして、ちょうどその時期に、池田会長は学生部員に対して、「ご近所だ。高碕先生にお会いして、中国の話を聞かせてもらいなさい[3]」と言って高碕邸に向かわせました。二人の学生部員が高碕邸に着くと、そこで一人の若者が庭先で熱心に落ち葉を拾い集めていました。その若者が孫平化だったのです。

また、当時、高碕の家には、創価学会本部から聖教新聞や学会関連の出版物が届けられていたため、高碕は孫平化にそれらをしっかり読むようにと勧めていました。ですから孫平化は、そうした出版物を通して創価学会の情報に接することができたのです。このように創価学会との接点を持っていた孫平化は、高碕の家を拠点としながら情報収集を進めていったのです。

後に中日友好協会の会長となる人物と創価学会が、早い段階から自然と接点を持つことができた歴史的事実を振り返ると、創価学会と中国との間に実に不思議な縁があったことをあらためて感じます。

託された日中友好の夢

一九六三年九月、信濃町の旧創価学会本部が落成した際、高碕は「富士」の絵を携えてお祝いに駆けつけました。

当時、高碕は七十八歳、池田会長は三十五歳で創価学会の指揮をとる若き青年会長でした。高碕は池田会長に駆け寄り、固く握手をかわすと池田会長に、中国を訪問し、周恩来と会見することを強く勧めました。それはまさに、日本の若きリーダーに日中国交正常化の夢を託すかのようなシーンであったのではないかと思います。

池田会長は、かつて聖教新聞紙上で、この時の心境についてこう綴《つづ》っています。

「お会いしたとき、私たちに通途の社交儀礼など必要なかった。すでに心中は合致していた。戸田先生もアジアと世界の平和構築の観点から『中国との交流の再開』を早くから模索されていた。結論は出ている。日中の国交正常化は何をおいても必要だ。では具体的に、どうするのか。どう行動するのか。そこから論は始まった。ふと心に浮かんだ。高碕先生と恩師の共通の願いであった国交正常化について、近い将来、世に問うべき時が来るであろう。批判も浴びるだろう。しかし、座して待っていては開けない。時はつくるしかない(4)」

この出会いの時、高碕はすでにがんを患《わずら》っており、それから半年後、池田会長のもとに高碕の訃報が届きます。

後に池田会長はこう綴りました。「私は、尊敬する戦友を失った思いで、冥福を強く祈った。そして、だからこそ、私の胸には深く期するものがあった(5)」と。

第二節

画期的な「日中国交正常化提言」

かつてない規模の民間交流

創価学会と中国の関係を語る上で、その歴史の途上には一人の写真家の存在がありました。その人物とは日本の著名な写真家・齋藤康一《さいとうこういち》です。齋藤は一九三五年に東京で生まれ、日本大学芸術学部写真学科に入学。学生時代には写真家の林忠彦《はやしただひこ》、秋山庄太郎《あきやましょうたろう》両氏の助手を務め、大学を卒業した後、フリーの写真家として活動を始めました。以後、週刊誌、月刊誌などに数多くの人物写真やルポルタージュを掲載していきます。

電撃的な提言発表の瞬間をフィルムに刻んだ齋藤康一氏
Ⓒ共同通信社

齋藤は、一九六五年、文化大革命が始まる時期に中国に渡ります。もともとは同年にアルジェリアで開催される世界青年平和友好祭に、日本写真家協会の代表として中国を経由して参加する予定でしたが、アルジェリア国内の政変により急遽《きゅうきょ》中止となりました。予定が空いてしまった齋藤は、「第一回日中青年大交流会」が行われることを知り、香港《ホンコン》に渡ります。そして、橋上の線路の上を歩いて中国大陸へと入りました。この時、齋藤は、香港側にユニオンジャック（英国旗）、大陸側に五星紅旗（中国旗）が掲げられている光景を見て、国境の存在を目《ま》の当たりにしたといいます。

「第一回日中青年大交流会」は両国間の民間交流の範囲が拡大され、往来人数も増え続けていく中で行われました。

当時、日本の外務省は、中国行きの旅券を正式には発行しておらず、ビザの申請には一カ月以上もの時間を要しました。そのため、「第一回日中青年大交流会」に参加する青年たちの間で、旅券の発行を訴える「旅券闘争」と呼ばれた運動が湧き起こりました。それほどに、両国間における民間交流の熱は高まっていたのです。

実際に、この交流会には、三十九団体から五百人規模の青年代表が参加しました。これは、国交正常化前の日中関係では前例のない画期的な交流会となりました。

この時、日本から中国を訪れた交流団は四十五日間にわたり滞在し、その間に毛沢東《もうたくとう》や劉少奇《りゅうしょうき》、そして周恩来と会見するなど、国賓待遇ともいえる交流を重ねました。交流団は杭州《こうしゅう》、武漢《ぶかん》、東湖《とうこ》、万里の長城などを視察したほか、かつて毛沢東率いる共産党指導者が本拠地とした中国共産党の革命の起点ともいえる延安《えんあん》も訪れています。その行程の中で、人民公社や工場、学校などを視察し、さまざまな階層の中国の青年と交流し、生の中国体験をしました。これこそ、周恩来が志向した「民間先行、以民促官」の外交方針であり、こうした民間交流の充実が国交正常化への機運を後押ししたのです。

ファインダー越しに聞いた提言

この交流会に参加した齋藤は、通訳を務めていた王という名前の青年と親しくなり、その青年から「日本では創価学会という組織が、大変な勢いで伸びているそうじゃありませんか」「いったい、どれくらい日本人の社会や生活の中にとけ込んでいるんですか」

と聞かれました。このような質問が別の青年から、違う場所で三度もあったといいます。[6]

中国の青年が熱心な関心を向ける創価学会とは、どんな組織なのか——齋藤は中国で芽生えた好奇心を携えて帰国します。そして、池田会長の写真を撮ることになるのです。

一九六七年、齋藤は、創価学会本部の会長室で、密着取材の撮影に臨みました。その取材中に、前年に齋藤が中国を訪問したことが話題になり、池田会長は、齋藤に向かい、会長室の机の引き出しを指さして、「中国について発表する原稿があるんです[7]」と語ったといいます。

その引き出しに入っていたものこそ、後に発表されることになる「日中国交正常化提言」の元原稿だと思われます。このことから、池田会長は、提言発表の一年前の時点ですでに、提言の具体的な準備をしていたと推察されます。

そして一九六八年九月八日、学生部総会の場で「日中国交正常化提言」が発表されました。その時、取材者として会場にいた齋藤は、カメラのファインダー越しに提言の発表を聞きました。そして、電撃的な提言発表の瞬間をフィルムに収めたのです。

国際社会の情勢を変えた提言

九月八日付の朝日新聞には、「日中首脳会談を　対中国積極策を提唱　創価学会池田会長」の見出しのもと、「創価学会の池田大作会長はこのほど中国問題についての総合的な考え方を論文にまとめ、八日公表することになった」との記事が掲載されました。

池田会長は、七十七分間にわたって、額に汗を浮かべながら休むことなく講演を行いました。講演が終わると、場内は溢《あふ》れんばかりの感動に沸き、プレス席にいた記者たちは提言の発表を伝えるべく、慌ただしく席を立ったといいます。

電撃的な提言の内容に関して、メディアが注目したポイントは三つありました。それは、①北京政府の承認②首脳同士の直接交渉③中国の国連加盟――の三つです。

もともと蒋介石《しょうかいせき》率いる中国国民党によって樹立された中華民国は、第二次大戦後、戦勝国となり、国連安保理常任理事国に選ばれました。しかし、一九四九年十月一日に中華人民共和国が建国されると、台湾を実効支配した中華民国との対立が始まり、双方ともに自分たちが中国唯一の正統政府であると主張することになります。

それから一カ月が経《た》った一九四九年十一月十八日、中華人民共和国は国連に対して、中華人民共和国の代表権の獲得と台湾政府の追放を提起します。その後、一九五〇年代から一九六〇年代にかけて国連で何度か審議は行われましたが、否決が続きました。このように中国の国連加盟が議論されている中で、池田会長はそのことに言及したのです。

池田会長が提言の中で、中国の国連加盟を主張したことに対して、あるジャーナリストは、「これだけ大規模な民衆、それも学生を前に『中国の国連加盟』を提言したのは、池田会長が日本で最初である」と語っていたといいます[8]。

当時の中国を取り巻く国際社会の動きを見ても、日中国交正常化提言が、その情勢を大きく動かしていく原動力になったことは、歴史が証明しているのです。

「中国代表権問題」に関する審議が決着を見たのは、一九七一年九月二十五日に第二十六回国連総会に提出された通称「アルバニア決議案」の採択の時です。当時、中国の友好国だったアルバニアを経由して提出されたこの決議案は、中国を国連安全保障理事会常任理事国として認め、中華民国を国連から追放するというものでした。アメリカはこれに対し、中華民国に常任理事国を辞退させ、国連議席は守るとする「二重代表制決議案」を提出しました。また、これとは別に中華民国の追放に反対する「追放反対重要問題決議案」も提出され、計三つの決議案が出されました。最終的には「アルバニア決議案」が採択され、中国が常任理事国に就任し、中華民国は国連を追放されました。これ以降、中国が合法的に代表権を有することになりました。

日本は、早い段階から中華人民共和国の国連参加については反対していませんでしたが、中華民国の追放には反対の立場を示していました。そのため、この国連総会で佐藤《さとう》栄作《えいさく》内閣は、その政府方針に沿ってアメリカの「二重代表制決議案」と「追放反対重要問題決議案」の両方に、共同提案国として名を連ねたのです。しかし結果的に「アルバニア決議案」が通ったことから、〝外交上の敗北〟と非難を浴びることになりました。

佐藤栄作は「アルバニア決議案」の採択を受け、一九七二年一月の施政方針演説で、中国は一つであるとの認識に立った上で、中国との国交正常化を目指す意向を述べました。そして、それから半年後に首相となった田中角栄《たなかかくえい》は、同年九月に、両政府間の戦争状態終結、国交正常化のための「日中共同声明」を結ぶことになります。

第三節

池田会長が中国に着目した背景

中国に思いを馳せた少年時代

なぜ、池田会長は批判を恐れることなく中国へと目を向けたのでしょうか。そのことについて私なりに思索をめぐらし、いくつかの文献を紐解《ひもと》きました。

池田会長と香港中文大学終身主任教授の饒宗頤《じょうそうい》との対談集『文化と芸術の旅路』(潮出版社)の中に、このような話があります。

一九四一年、池田会長は中国の戦地から帰国した長兄から、日中戦争の惨禍について話を聞いたといいます。

「日本は本当にひどいよ。あれでは中国の人が、あまりにもかわいそうだ」[9]と。

そのエピソードに続き、こう述べています。

「私はこれまでに、こうした真実の歴史を青年たちに繰り返し語ってきました。それは、未来の責任をもつ青年たちが中国侵略の悲惨な歴史を決して忘れることなく、偏狭な国家主義への反省と怒りを継承してほしいという願いからにほかなりません[10]」

このように、少年期に長兄の話を通して中国で行われている戦争の悲惨さを知った池田会長は、二度と同じ過ちが繰り返されることがないよう一貫して過去の軍国主義による日本の歴史と反省を後世へと語り継いできたのです。

また、池田会長は小学校五年生の時のことを、敦煌《とんこう》研究院名誉院長の常書鴻《じょうしょこう》との対談集『敦煌の光彩――美と人生を語る』（徳間書店）の中で、次のように回想しています。当時、教室に張られていた大きな地図上で中国の奥地の付近を見ていると、担任教師が「池田君、そこは敦煌といって、素晴らしい宝物が一杯あるところだぞ」と教えてくれたそうです。池田会長はそれ以来、敦煌と中国に強い憧れを抱き始めたといいます[11]。

こうした文献からも、池田会長が少年の頃から、中国との深い縁を結びながら、自身の精神形成を行っていったことがうかがい知れます。

東洋の平和を願う師との出会い

池田会長と中国との結びつきは、その後の青年時代にも見られます。

終戦後の一九四六年、十八歳の池田会長は、故郷で青年読書の集いに参加し、そこで多くの名著に親しみました。その頃に綴った読書ノートには、杜甫《とほ》の詩「春望」について書き残しています[12]。

その詩の中に出てくる有名な「国破山河在城春草木深」(国破れて山河在り、城春にして草木深し)の一節について、池田会長は後に「敗戦の焦土に生きる十代の青年にとって実感であった[13]」と述べています。

戦後の荒れ果てた国土を見つめながら、池田会長は、前途が不明であることへの憂いを払いのけ、「正しい人生とは何なのか」との問いを抱きつつ、未来へと思いを馳《は》せていたのではないでしょうか。そのような中で、池田会長はその後の人生を決定づける瞬間を迎えることになります。

一九四七年、十九歳の池田会長は、後の創価学会・戸田城聖第二代会長（当時、理事長）と出会います。その時の心境について、次のように綴られています。

「二年間の獄中生活に耐え、軍国主義思想と戦った人物には、信念に生きる人間の崇高さと輝きがある。極論すれば、当時の私にとっては『戦争に反対して獄にはいったか否か』ということが、その人間を信用するかしないかを判断する大きな尺度となっていたといっても過言ではない[14]」

この時の出会いを経て、池田会長は戸田会長の弟子としての道を歩み始めることになります。「戸田大学」と呼ばれた個人教授を受け、『十八史略《じゅうはちしりゃく》』等の中国古典を学びました。その後、青年育成の場として『水滸伝《すいこでん》』にちなんだ「水滸会」と呼ばれる勉強会が設けられ、『水滸伝』や『三国志』などが教材として使われました。後に池田会長はこれらの講義についてこう回想されています。

「中国思想についての恩師の説き方は、いわば独自の発想に由来するものだ。従来の日本人が『中国』に対して抱くイメージを、まったく転換してしまうような創見に溢れていたのである[15]」

師の構想実現への行動

戸田会長がこうした講義を行った背景には、戸田会長自身が中国を含め東アジアの平和を強く希求する信念を持っていたからだと推察します。戸田会長は、一九五二年に青年育成の場において、自身の思想についてこう表明しています。

「東洋民族、結局は地球民族主義であります[16]」「日本の現状を、朝鮮、中国を救うのは、学会以外にありません[17]」と。

また、逝去の前年（一九五七年）に、聖教新聞の巻頭言で次のように綴っています。

「日本の民衆も幸福にならねばならぬ。また、同じ東洋民族たる韓国の民衆も、中国の民衆も、皆われらと共に手をつないで、幸福にならねばならぬ[18]」

ここに見られる戸田会長の東洋の平和を願う心は、その後、具体的な一手として政治の世界へと向けられます。創価学会は、一九五七年、参議院補欠選挙で大阪地方区に候補者を擁立しましたが、その時の選挙公約の一つとして掲げられたのが「中国貿易の促進」であったのです。戸田会長がすでにこの時に中国との貿易の交流促進に目を向けていたことは、類稀《たぐいまれ》なる先見の明があったと感じます。

このような戸田会長の思想は、青年への薫陶を通じて彼の弟子たちへと受け継がれ、現在に至る創価学会の平和思想へとつながっています。池田会長は、初訪中した際に、こう記しています。

「中国には、なにかしら親近感を覚えるのだ。それは、私の恩師が、生前、中国がこれからの世界史に重要な役割を果たすことを、つねづね私たちに語っていたことが脳裏に刻まれているからであろう(19)」

この言葉にあるように、池田会長は、東アジアの平和を願った師の言葉を胸に刻み、師が提唱した地球民族主義の理念を基盤としながら、後の「日中国交正常化提言」発表へと至ったのだと私は思います。

戸田会長の逝去後、一九六〇年五月三日に池田会長は、第三代会長に就任しました。会長に就任する直前の二月の日記には、魯迅《ろじん》の次の言葉を引用しています。

「路《みち》とは何か。それは、路のなかったところに踏み作られたものだ。荊棘《いばら》ばかりのところに拓き作られたものだ。

むかしから、路はあった。将来も、永久にあるだろう[20]」

そして、その時の心境を後にこう語っています。

「当時の私の胸中を支配していたのは、恩師が、文字どおり『荊棘』ばかりの、荒野に切り開いた道を、万年に崩れぬ『永遠の大道』にすることのみであった。（中略）魯迅の言葉は、そんな若き心の琴線に鋭く響いたのであった[21]」

池田会長による「日中国交正常化提言」は、まさに〝荊棘〟の荒野を切りひらいた提言であり、師の構想を実現せんとの弟子の行動であったといえます。

ちなみに、私見ですが、「日中国交正常化提言」が発表された「一九六八年九月八日」は、六、八、九の数字が配された日です。たとえば六は「六六大順」（万事順調）という言葉があり、八は「発」（発展する）、九は「永久」の「久」と発音が似ているなど、これらの数字は、中国では大変縁起がよく、とても好まれている数字です。

そのような日に日中友好の大転機となる提言が発表されたことに、池田会長と中国の不思議な縁を感じてなりません。

第四節　歴史的な「日中国交正常化提言」への反響

波紋を呼んだ「日中国交正常化提言」

資本主義と共産主義の対立が激化する中で発表された創価学会・池田会長の「日中国交正常化提言」は、日本国内はもとより、中国をはじめ関係諸国からも大きく注目されました。

当時の日本は、親米路線の佐藤栄作内閣の時代であり、中国国内の文化大革命による混乱の影響もあって、それまで進められてきた日中友好の民間交流も失速していた状況でした。そんな中で、池田会長は、同提言を発表したのです。

発表された提言の骨子は、一、日本は、中国の存在を正式に承認し、国交を正常化する。一、中国の国連での正当な地位を回復する。一、日本は、中国と経済的・文化的な交流を推進する――というものでした。

池田会長によるこの提言は、日中友好を希求していた人々にとっては、大きな勇気と希望を与えるものでしたが、一方で国内においては保守派を中心にさまざまな批判が沸き起こりました。

提言発表後、創価学会に対して、「宗教者がなぜ〝赤いネクタイ〟をするのか」といった脅迫の電話や手紙が相次ぎ、右翼の街宣車によるけたたましい攻撃も起こったといいます。また、提言発表の三日後から開かれた日米安全保障協議の席上では、外務省の高官が国交正常化提言のことを取り上げ、この提言は〝中国に対して誤った期待を高めさせる〟ものであり、〝日本政府の外交の障害になる〟と強い不満を表明しながら露骨に非難したといいます。それほどまでに、当時の日本の状況の中で、中国との国交回復を主張したことは、非常に大きなインパクトを与えたのです。

また、国内だけでなく海外の政治においても厳しい反応が目立ちました。反中国路線の米国は、「創価学会による民間外交は障害になる」という指摘を日本に突きつけました[22]。台湾では台湾政府による台湾創価学会への弾圧まで行われたのです。この時、関連する資料等はすべて台湾政府によって没収され、解散命令も出されたほか、メディアもこぞって「邪宗教は解散せよ」などと報じたのです（現在、台湾創価学会は社会貢献の取り組みが評価され、台湾行政院の内政部から「社会優良団体賞」や「優良宗教団体賞」などを受賞するほど評価されています）。

周恩来の心に届いた提言

しかし、池田会長は提言の発表がそのような事態を招くことを重々承知した上で、苦渋の決断のもと提言を発表したのです。それは戸田第二代会長が「指導者は徹底して史観を養え。百年先を見据えながら、国を見つめ、民を見つめなければならない」[23]と語っていた言葉のとおり、まさに未来にわたり東アジア全体が発展していくことを見据えての決断であったと思います。

その時の池田会長の心境が小説『新・人間革命』第二十八巻「革心」の章に次のように綴られています。

「この提言に、大反響が広がった。日中友好を真摯《しんし》に願ってきた人たちは、諸手《もろて》を挙げて賛同したが、同時に、その何倍もの、激しい非難中傷の集中砲火を浴びた。

学生部総会三日後の日米安全保障会議の席でも、外務省の高官が、強い不満の意を表明している。しかし、提言は、すべてを覚悟のうえでのことであった。冷戦下の、不信と憎悪で硬直した時代の岩盤を穿《うが》ち、アジアの、世界の未来を開くべきだというのだ。命の危険にさらされて当然であろう。命を懸ける覚悟なくして、信念は貫けない(24)」

「日中国交正常化提言」が発表されると、その内容は新華社通信の記者によってすぐに翻訳され、中国へと打電されました。そして当時、中国人が世界のことを知るための重要な新聞であった『参考消息』の一面に掲載されたのです。そこから、中国国内でもさまざまな反響が起こっていったわけですが、何よりもこの提言の内容が周恩来のもとにも届いたことが極めて重要なことであったと思います。

ジャーナリストの西園寺《さいおんじ》一晃《かずてる》は、かつて講演の中で次のように語っています。

「この学生部総会における発言を真っ向から取り上げて重視した人がいました。それは、残念ながら日本人ではなくて、中国の周恩来総理でした。日本にいた新華社通信の記者が、これを翻訳して周総理のもとに届けました。周総理は熟読しました。このことを私は、直接、ご本人から聞きました。

また後に、私は周総理が『池田会長の講演内容は大変、素晴らしいものであった。尊敬と感動に値する内容だった』と語ったと聞きました[25]」

この話からも明らかなように、周恩来は、提言の内容を高く評価するとともに、日本の民衆団体である創価学会のリーダーが、日中友好を熱願し、国交正常化について堂々と主張を発表したことに感嘆したのです。

また、中国のさまざまな要人も同提言を高く評価しています。

中日友好協会会長の廖承志は、「日本政府の大変な圧力のもと、池田先生は確かな展望と卓識をもって正式に中日国交正常化を主張された。これは政治への正確で透徹した見識と何者をも恐れぬ勇気がなければできることではない[26]」と語っています。

また、当時、記者として提言を翻訳して中国に打電した『光明日報《こうみょうにっぽう》』記者の劉徳有《りゅうとくゆう》は、後にこう語っています。

「『池田提言（日中国交正常化提言）』は、今日から見れば、当たり前のことに思えるかも知れません。私のような当時の当事者からいえば、並大抵のことではなかったのです。この提言を発表することによって、池田先生は誹謗《ひぼう》され、ときに脅迫さえされたのです。その時の緊迫感を伝え切れませんが、極めて勇気のいる、相当な覚悟のいる提言であったことは確かです。

ということは、裏を返せば、中日関係の発展には、重大な意義をもつ提言であったということでしょう。実際に、その後の歴史がそれを証明しています。私は中日関係の節目を迎える度に、『池田提言』の内容と意義について、大いに評価すべきでないかと考えています㉗」

こうした評価からもわかるように、池田会長による提言は、極めて逆風の状況の中で発表されたものであり、しかし、だからこそ勇気ある行動として中国国内で高い評価を得たのだと思います。

提言を支持した日中友好の立役者たち

本書の中ですでに触れてきましたが、創価学会と中国をつないだ日本側の主な人物として高碕達之助、松村謙三《まつむらけんぞう》、有吉佐和子《ありよしさわこ》の三人がいます。高碕達之助は、提言発表の四年前にすでに逝去していたため、残念ながら提言を聞くことは叶《かな》いませんでした。

松村は、一九七〇年三月に行われた東京都渋谷区の創価学会分室での池田会長との会談の席上、「われわれの日ごろ主張していたことが、池田会長によって提唱された」[28]「百万の味方を得た思いだ」[29]と語りました。

この時の模様が、小説『新・人間革命』第十三巻「金の橋」の章に綴られています。

「二人は意気投合した。信念と信念が強く共鳴し合い、旧知の間柄であるかのように、語らいは弾んだ。

しばらくすると、松村は、身を乗り出すようにして、ひときわ高い声で伸一（＝作中での池田会長の名前）に言った。

『あなたは中国へ行くべきだ。いや、あなたのような方に行ってもらいたい。ぜひ、私と一緒に行きましょう』

その声には、切実な響きがあった。

〝国交正常化は、自分の存命中にできないかもしれない。だからこそ、今のうちに、未来のための盤石な手を打っておかなければならない〟

そんな、切迫した心情を、伸一は感じ取った。

松村は、日中友好を託すべき後継者を、懸命に探し求め、育《はぐく》もうとしていたのであろう。今回の訪中にも、これはと思う人物を連れていこうと決めていたようだ。

松村は、続けてこう語った。

『ぜひとも、あなたを周恩来総理に紹介したいのです』

(中略)

『大変にありがたいお話です。恐縮いたしております。しかし、私は政治家ではありません。その私が今、中国に行くというのはどうでしょうか。

私は宗教者であり、創価学会は仏教団体です。今の中国は社会主義体制です。その国に、宗教者の次元で行くわけにはいかないと思います』

松村の顔が曇った。

伸一は言葉をついだ。

『もちろん、松村先生のお心はよく存じております。ご依頼も、よくわかりました。しかし、国交を回復するには、政治の次元でなければできません。したがって、宗教者の私が行くのではなく、私の創立した公明党に行ってもらうように、お願いしようと思いますが、いかがでしょうか』

伸一の言葉に、松村は頷《うなず》いた。

顔には安堵《あんど》の色が浮かんでいた。

『実にありがたい。わかりました。公明党のことも、山本会長（＝作中での池田会長の名前）のことも、全部、周総理にお伝えします(30)』

実際に、この会談の九日後に松村は、池田会長との約束を果たすために中国に旅立ち、周恩来と会ってこのことを伝えています。

橋渡し役を担った公明党

公明党の訪中が実現したのは、松村謙三と池田会長の会談が行われた翌年の一九七一年の六月でした。そのさらに翌年の一九七二年七月に田中角栄内閣が発足し、その二カ月後には日中国交正常化が実現しています。

中国との接点のなかった田中内閣が、すぐに国交正常化を実現させたことを考えると、その背景に公明党の尽力があったことは明らかです。また田中内閣は、中国との国交回復に踏み切る決断には至ったものの、台湾の問題や賠償問題、日米安保の問題といった懸念を抱えていました。それらを一つ一つ払拭《ふっしょく》していったのも公明党だったのです。

なぜ、公明党が中国との橋渡し役を担うことができたのか。その理由は、当時のマスコミも世間の人たちも明確にはわからなかったと思います。しかし、時を遡《さかのぼ》れば、池田会長が「日中国交正常化提言」を発表し、周恩来がそれを重視したという事実こそが、最大の理由であったことがわかります。

（1）「日本に創価学会という仏教の信徒集団が……」
西園寺一晃『鄧穎超　妻として同志として』（潮出版社）、一四ページ
（2）「孫平化は『池田会長の就任以来、……」
『池田大作の軌跡　平和と文化の大城Ⅰ』（潮出版社）、二〇一ページ
（3）「ご近所だ。高碕先生にお会いして、……」
同前、一九八ページ
（4）「お会いしたとき、私たちに通途の……」
『聖教新聞』二〇〇七年二月二十五日付、「池田名誉会長の世界との語らい」第十八回「日中友好の先覚者・高碕達之助氏」参照
（5）「私は、尊敬する戦友を失った思いで、……」
同前
（6）「この交流会に参加した齋藤は、……」
『池田大作の軌跡　平和と文化の大城Ⅰ』（潮出版社）、一八六ページ
（7）「中国について発表する原稿があるんです」
同前
（8）「これだけ大規模な民衆、それも学生を前に……」
同前、一八九ページ
（9）「日本は本当にひどいよ。あれでは……」
池田大作・饒宗頤『文化と芸術の旅路』（潮出版社）、四七ページ
（10）「私はこれまでに、こうした真実の歴史を……」
同前、四七ページ
（11）「当時、教室に張られていた大きな地図上で……」
池田大作・常書鴻『敦煌の光彩――美と人生を語る』（徳間書店）、一八ページ
（12）「その頃に綴った読書ノートには、杜甫の詩……」
『第三文明』一九六四年八月号「読書ノート（六）」
（13）「敗戦の焦土に生きる十代の青年にとって……」
池田大作『私の履歴書』（聖教新聞社）、八四ページ
（14）「二年間の獄中生活に耐え、軍国主義思想と……」
同前、九二ページ
（15）「中国思想についての恩師の説き方は……」
池田大作『若き日の読書』（第三文明社）、一六五ページ
（16）「東洋民族、結局は地球民族主義で……」
戸田城聖『戸田城聖全集』（聖教新聞社）第三巻、四六〇ページ
（17）「日本の現状を、朝鮮、中国を救うのは……」
同前、四六一ページ

⒅ **「日本の民衆も幸福にならねばならぬ……」**
戸田城聖『戸田城聖全集』（聖教新聞社）第一巻、二五六ページ

⒆ **「中国には、なにかしら親近感を覚えるのだ……」**
池田大作『中国の人間革命』（毎日新聞社）、一三ページ

⒇ **「路とは何か。それは……」**
魯迅『魯迅評論集』（岩波文庫、竹内好訳）、三三ページ

㉑ **「当時の私の胸中を支配していたのは……」**
池田大作『続・若き日の読書』（第三文明社）、一三七ページ

㉒ **「創価学会による民間外交は障害になる……」**
蔡徳麟「歴史的豊碑」『深圳大学学報』一九九八年第四期。南海大学周恩来研究センター『周恩来と池田大作』（朝日ソノラマ）四一ページから引用

㉓ **「指導者は徹底して史観を養え。百年先を……」**
『池田大作の軌跡　平和と文化の大城Ⅰ』（潮出版社）、二三九ページ

㉔ **「この提言に、大反響が広がった……」**
池田大作『新・人間革命』（聖教新聞社）第二十八巻、二三五ページ

㉕ **「この学生部総会における発言を真っ向から……」**
西園寺一晃、講演「私が歩んだ日中友好の道」（二〇〇〇年十月二十六日）

㉖ **「日本政府の大変な圧力のもと、池田先生は……」**
呉学文、王俊彦『廖承志与日本』（中共党史出版社）、二一四ページ

㉗ **「『池田提言』は、今日から見れば、当たり前……」**
『人民日報海外版日本月刊』（日本新華僑通信社）特別増刊号二〇一二年九月、二七ページ

㉘ **「われわれの日ごろ主張していたことが……」**
『池田大作の軌跡　平和と文化の大城Ⅰ』（潮出版社）、一九五ページ

㉙ **「百万の味方を得た思いだ」**
同前

㉚ **「二人は意気投合した。信念と信念が……」**
池田大作『新・人間革命』（聖教新聞社）第十三巻、八二ページ

第四章

公明党の役割

第一節

提言を軸とした公明党の存在

公明党に託された日中友好への思い

「日中国交正常化提言」が発表されたのは一九六八年九月八日ですが、歴史を振り返ると、提言で掲げられた内容について、池田会長は発表以前から折々に触れています。

一九六二年七月の第六回参院選において候補者九人全員を当選させた創価学会は、同年九月に公明党の前身である公明政治連盟（公政連）の第一回全国大会を開きました。その席上、公政連の創立者である池田会長は、「団結第一」「大衆と直結」「たゆまざる自己研さん」の三つの指針を示し、その指針は、二年後の一九六四年十一月十七日に開かれた公明党結成大会において、「大衆とともに語り、大衆とともに戦い、大衆の中に死んでいく」との公明党の立党精神として集約されました。

公明党の結成大会――公明党は日中国交正常化実現への懸け橋となった
（撮影：1964年11月17日、東京・墨田区の日本大学講堂）Ⓒ公明新聞

この時点ですでに池田会長は、「政策については皆さんに託しているが、一つだけ、中国問題に対してだけは、お願いしたい」(1)と、アジアの平和と安定のために中国を正式に承認し、日本は中国との国交回復に努めてほしいとの提案をしています。それが当時の公明党の活動方針となり、日中国交回復に努めることが明記されたのです。

池田会長は、一九六六年の作家の有吉佐和子《ありよしさわこ》との対談で、中国が創価学会に関心を抱いていることを聞きました。しかし、この時よりも前に公明党への提案が行われていたことを考えると、池田会長が一貫して日中友好への信念を抱いてきたことがわかります。

あらためて当時の日本の政治状況を見てみると、池田会長の動きが中国政府の動向にも影響をもたらしていました。はじめは日本社会党や日本共産党との距離が近かった中国政府でしたが、少しずつ変化が生じていたのです。

一九六〇年に中国との関係改善を図ろうとした浅沼稲次郎《あさぬまいねじろう》が演説中に右翼によって刺殺される事件が起こったことから、日本社会党はそれ以降、中国との関係改善に慎重な態度を示していました。また、日本共産党はもともと中国共産党と友好的な関係にありましたが、一九六六年に日本共産党書記長の宮本顕治《みやもとけんじ》が中国を訪問した際に行われた毛《もう》沢東《たくとう》との会談が決裂し、以降、関係が断絶していたのです。当時発行された『人民日報』の社説では、「宮本修正主義集団は日本革命の恥ずべき裏切り者である」と報じられています。そのような中で、中国政府の視線は、自民党や他の野党ではなく、結党時から対中国政策を掲げてきた公明党へと向けられていくようになっていたのです。

そういった状況の中で、歴史的な「日中国交正常化提言」が発表されたのです。提言発表後、中国における公明党の存在感は、さらに大きくなっていきます。

一九六九年一月十七日、公明党は第七回党大会で「日中国交正常化のための方針」を発表し、そこで日中首脳会談の開催や日中基本条約締結など六項目を提案しました。翌一九七〇年六月の第八回公明党大会では、この方針をさらに進める形で、「中華人民共和国の承認」「日中平和条約の締結」「正常な国交を回復」との対中国政策を示しました。その年、訪中した松村謙三《まつむらけんぞう》が周恩来《しゅうおんらい》に公明党のことを伝えました。

そして一九七一年六月十六日、中国人民友好協会の招聘《しょうへい》を受け、公明党代表団の中国初訪問が実現します（同年七月四日まで）。この時、国内では参議院議員選挙が行われている最中でしたが、公明党は「日中の国交問題は最大の国民的課題であり、一党一派のことではない。国交回復実現に努力することは国民から負託された政党の責務(2)」との判断から、第一次訪中団を派遣しました。

公明党訪中代表団との交渉には、中日友好協会副会長の王国権《おうこくけん》らがあたりました。これは当時、廖承志《りょうしょうし》、孫平化《そんへいか》などの対日関係のエキスパートが、文化大革命の影響で一線を退いていた中にあって、中国側として最も力を入れた対応であったと思います。このことからも、周恩来が公明党をいかに重要視していたかがよくわかります。

そして訪中期間に、代表団同士の政治会談が五回、小委員会が十回、さらに周恩来との会談が二回も持たれ、公明党訪中代表団と中国側の交渉は合計で十七回にも及びました。この回数からも中国側の真剣さがうかがえます。公明党訪中代表団を池田会長の使者として捉えていたからこそ、周恩来は温かく代表団を出迎えたのだと思います。代表団との会見の冒頭で、周恩来は丁重な口調で、「どうか、池田会長にくれぐれもよろしくお伝えください」と語り、真っ先に池田会長に対する深い信頼の言葉を寄せたことに、公明党訪中代表団は驚きを隠せなかったといいます。

その後、会見の中で周恩来は、「公明党が成立してから、皆さんの主張に注目してきました。皆さんは中日関係について、よい意見を持っており、私たちも、高く評価しております。このたび、私たちが皆さん方をお招きしたのも、こういうことから出発しています[3]」と語ったといいます。

こうした経緯からもわかるように、池田会長から信頼のバトンを託された公明党は、会長の提言をもとにつくった外交政策によって、周恩来から信頼を寄せられたのです。

世間に示された公明党の存在感

周恩来は会見の中で、「皆さんは、どうすれば中日国交の回復ができるか、正しい意見をお持ちです[4]」と公明党が主張する五原則を支持することを述べました。そして、その内容について確認をしていきます。

それは次の五つの項目です。

①一つの中国を認め、中華人民共和国が中国人民を代表する唯一の正統政府と認めている。

②「二つの中国」「一つの中国、一つの台湾」に反対し、台湾は中華人民共和国の一つの

省であることを認め、台湾の帰属未定論という誤った見解に反対している。
③日台条約は不法であり、廃棄すべきであると主張している。
④アメリカの軍事力が台湾と台湾海峡を占領したことを侵略と認め、すべての外国軍隊は、これらの地域から撤退すべきであると主張している。
⑤中華人民共和国が国連のすべての組織において、安全保障理事会常任理事国としての合法的な地位を回復すべきであると主張している。

周恩来は、「公明党の主張する、この五つの点が実現すれば、日本政府と中華人民共和国政府との国交を回復することができ、戦争状態を終わらせることができます。さらに皆さんの期待している中日友好が進み、中日両国は平和五原則に則《のっと》って平和条約を結び、なお、それにとどまらず、相互不可侵条約を結ぶ可能性もあります(5)」と語り、公明党の政策が国交正常化への道筋になることを示したのです。それから周恩来は、「公明党とは知り合うのが遅くなったけれどもお互いに深く知ることができた(6)」と個人の心情を吐露《とろ》し、公明党への信頼の深さを改めて示しました。

そして、会見の翌日から公明党訪中代表団と中日友好協会代表団との間で共同声明が作成され、七月二日に調印が行われました。これが「復交五原則」と呼ばれる共同声明です。その内容は、池田会長による「日中国交正常化提言」の内容に沿ったもので、「二つの中国（北京《ペキン》政府の承認）」「中国の国連加盟」「日中国交正常化」といったことが盛り込まれました。

この共同声明が発表されたことによって、日中国交正常化への機運はさらに高まっていくことになります。それまでの国交回復に関する中国側の条件は、日米安保条約の廃棄などが示されていたこともあり、日本としてもなかなか動き出せなかった状況があったわけですが、この共同声明では極めて柔軟なものとなりました。そのため、この内容であれば日本政府も了承できるはずだという見方が、世論の中に広がっていったのです。そして、この「復交五原則」は、実際にその後の政府間交渉の道標となっていきました。まさに、提言を軸とした共同声明が、国交正常化への突破口を開いていったのです。

そしてこの時に、公明党訪中代表団によって日中国交正常化へ向けた成果が示されたことで、野党であった公明党は、日中関係において重要な役割を担う存在として、世間に認知されていくこととなったのです。

第二節 日米両国の対中政策の変化

国交正常化に向かう中国側の政治的背景

「日中国交正常化提言」発表前後の時期を時間軸で振り返ると、当時の中国には日中関係の改善に向かう政治的な背景がありました。

この頃、中国側は国際情勢の変化に伴い、それまでの民間交流に加え、政治においても関係改善を志向する方向へとシフトしていきます。一九六九年三月二日、極東のウスリー川の中州であるダマンスキー島（珍宝島）の領有権を巡り、中国人民解放軍兵士とソ連側の警備兵との間で大規模な軍事衝突が起こりました。また、同年八月には、新《しん》疆《きょう》ウイグル自治区でも軍事衝突が起こり、中ソの関係は全面戦争や核戦争にまでエスカレートする事態になりかねないほど、極めて緊迫した状態でした。

それまで蜜月を誇ってきた中国とソ連の関係が緊迫したことで、中国側はソ連を最大の脅威として捉えるようになっていきます。そして、その一方で中国は米国への接近を水面下で図っていくことになります。

世界の覇権を握っているのは米国とソ連と考えていた毛沢東は、ソ連と対立したことで、さらに米国とも対立してしまえば両覇権と争うことになり、それは避けたいと考えました。そこで打ち出したのが「一条線（一本の線）」戦略という外交路線でした。それは、中国から緯線上に横に一本の線を伸ばすと、その線上には米国、日本、イラン、パキスタン、トルコ、欧州があり、それらの国々と友好を進めていくというものです。そして、その国々との団結をもってソ連に対する抑止力にしようとしたのです。

距離を縮めた米中関係

中国が「一条線」戦略によって、米国との関係改善を志向していく中で、米国側にも動きが見られます。一九六〇年代後半、米国はベトナム戦争が泥沼化する中、そこから手を引いて和平の道を探るために、当時ベトナムを支援していた中国との接近を模索し始めます。この時は、米中首脳の直接の接触はまだできない時代であったため、周恩来は一九七〇年十二月九日に、友好国であったパキスタンの駐米大使を経由して、米国の特使が訪中することを歓迎するとの親書をホワイトハウスに届けました。その翌日、ニクソン米国大統領は記者会見で、「最終的に中国と外交関係を持たなければならない」と話します。十二月十八日、今度は毛沢東が米国人ジャーナリストのエドガー・スノーと会談し、ニクソン訪中を歓迎する旨を伝えました。

こうして米中の間で意思疎通が図れるようになり、一九七一年二月二十五日、米国は外交教書において初めて「中華人民共和国」の名称を使用します。また、そのすぐ後には、非戦略物資の直接輸出などの貿易や、人的交流の制限を緩和する対中改善措置を発表しました。

そして、米中の距離はここから一気に縮まります。四月二十一日、中国はパキスタン大統領の仲介のもと、米国大統領補佐官キッシンジャーの秘密訪中を米国に打診します。そして七月九日、キッシンジャーがパキスタン経由で秘密裏に中国に入り、翌日には周恩来との会談が行われました。ここでニクソン招聘についての話がなされ、帰国したキッシンジャーはそのことをニクソンに報告しました。ニクソンはこれを受けて、翌年五月までに自らが訪中することを電撃発表しました。これがいわゆる「ニクソン・ショック」と呼ばれるものです。そのニュースは世界を驚かせるものとなりました。

握手を交わすニクソン（左）と毛沢東
©UPI＝共同

そして発表どおり、ニクソンは一九七二年二月二十一日に、歴史的な中国初訪問を果たします。一週間の滞在期間中、ニクソンは周恩来と七回に及び会談し、毛沢東とも会談しました。こうした会談を経て、上海《シャンハイ》で米中による共同声明が発表され、米中両国はそれまでの敵対関係に終止符をうち、関係の緊密化が図られることになります。

日本政治の動向を注視した中国

こうした米中の動きとともに、日本の政治姿勢も変化が生じます。佐藤栄作《さとうえいさく》首相は一九六九年十二月二十四日の記者会見で、「日中関係についてできるだけ早く政府も中国と接触を図っていく(7)」と述べ、その後、密使を香港《ホンコン》に派遣し、周恩来に親書とともに北京訪問の希望も伝えました。残念ながらこれは実現しませんでしたが、日本政府の姿勢にも変化が生じていったのです。

一九七〇年二月三日、日本政府は核不拡散条約の署名に際しての声明の中で、初めて公式に「中華人民共和国」の名称を使用しました。また、その後の衆議院予算委員会で、佐藤首相は「中国が有効に大陸を支配している現実を受け入れざるを得ない。一つの中国に期待する」と答弁。参議院予算委員会でも、中国が示した政治三原則と平和五原則に賛成すると答弁しています。

また、ニクソン訪中の発表を受けて、佐藤首相は七月二十一日の衆議院予算委員会の場で、「条件が整えば自ら訪中して国交正常化を図りたい」と答弁します。

一九七一年十月二十五日、国連で長年にわたり議論されてきた「中国代表権問題」について、中華人民共和国を国連安保理常任理事国と見なすアルバニア決議案が採択されました。これにより中国は国連での代表権を獲得したのです。しかし日本は、台湾との二重代表制を主張し、同決議案には反対の立場をとりました。そのため前進するかのように見えた日中関係は、関係改善の契機を逃してしまいます。

一九七一年十一月十日、当時の美濃部《みのべ》亮吉《りょうきち》東京都知事が日中国交回復国民会議の代表団の一員として訪中した時のことです。当時、自民党幹事長であった保利《ほり》茂《しげる》は、訪中前の美濃部に周恩来への親書を渡していました。しかし、アルバニア決議案に反対表明した佐藤政権への不信感から、その親書は受け取りを拒否されてしまったのです。

このように一進一退の様相を呈しながらも、米国の動きに合わせ、日本はさらに国交正常化へと歩みを進めます。佐藤首相は、一九七二年一月の施政方針演説で、「中国は一つであるという認識のもとに、今後中華人民共和国政府との関係の正常化のため、政府間の話し合いを始めることが急務である」と話し、中国との国交正常化を目指す意向を示しました。

　同年五月十五日に沖縄の施政権が日本へ返還された後、佐藤首相は退陣します。そして七月五日、田中角栄《たなかかくえい》が自民党総裁選で勝利し、翌六日に田中内閣が誕生します。田中首相は第一回記者会見の中で、日中関係正常化を最重要課題であるとして、「日中関係正常化の時機は熟している」と発表しました。

　中国はこうした日本の政治家の言動を受け、ようやく日中関係改善に向けた「政治の好機」がやってきたと捉えるようになります。周恩来は、その直後の七月九日に「田中首相の訪中を歓迎する」と明らかにしています。そして、その言葉を裏付けるかのように、田中内閣発足から九月の訪中までの八十四日間、田中内閣の動きを見守るため、周恩来は自らの睡眠を削りながら夜通し仕事をしたといいます。

　この時、周恩来は一つの戦略を立てていました。その戦略とは「趁熱打鉄《ちんねつだてつ》」です。この言葉は「鉄は熱いうちに打つ」という意味で、つまり好機を捉えて物事を進めるという戦略でした。田中内閣の誕生によって、新しい日中関係の好機が到来すると見ていた周恩来は、その準備を周到に行っていたのです。

ここまで述べてきたように、中国を巡る外交情勢が変化することに伴い、日本も国交正常化へと向かうことになりますが、追い風になったのは、それまでの民間外交の基盤でした。その基盤により、国内で国交正常化を求める声が一気に広がっていったのです。国内では「中国の国連復帰に関する懇談会（民間の集まり）」「超党派による日中国交回復促進議員連盟」「日中国交回復国民会議（知事など首長の集まり）」「日中国交正常化国民協議会」「日中国交回復実現国民大会」など、日中国交正常化を求める多様な集まりが次々と発足していきます。

さらに、地方自治体も相次いで日中国交回復を求める意見を表明します。一九七一年十月二十三日までには、すべての都道府県議会が「日中国交回復」を決議し、決議書が政府に対する意見書として提出されました。また、日本共産党を除いた、自民、社会、公明、民社の四党は、共同で日中国交正常化決議案を衆議院に提出しました。

この国交正常化実現までの一連の流れは、まさに周恩来が一貫して志向してきた「以民促官」を体現したものでした。そしてこの流れを速めた原動力が、池田会長の「日中国交正常化提言」だったのです。

第三節

公明党と中国の固い信頼関係

突破口を開いた公明党訪中団

公明党は、日中国交正常化が実現した一九七二年から一九七八年八月の日中平和友好条約締結に至るまでの間に、六回にわたり代表団を中国に派遣しました。それはまさに「日中国交正常化提言」の精神を軸とした、政治における不断の行動だったといえます。

一九七二年五月、中国から再び訪中の要請を受けた公明党は、五月七日から五月二十三日に、第二次訪中団を派遣します。この時、「復交三原則」(8)として日中国交正常化の原則が示されました。続いて同年七月二十五日から八月三日には、第三次訪中団が派遣され、この時も公明党代表団は周恩来と連日にわたり会談を行いました。

このように公明党は、訪中を重ねていく中で、国交正常化へのレールを徐々に敷いていきました。そして、一九七二年九月二十九日、ついに日中共同声明が調印され、国交正常化が実現されるのです。そして公明党の訪中は、国交正常化実現後も続きます。

一九七四年八月十日から二十日に第四次訪中団を派遣し、この時は副総理の鄧小平《とうしょうへい》と会見が行われ、日中平和友好条約の打ち合わせが行われました。

日中平和友好条約の道筋をつけた鄧小平
ⒸUPI＝共同

一九七七年一月十九日から二十五日には、第五次訪中団が派遣されます。この時は首相の華国鋒《かこくほう》と会談し、帰国後、大型代表団を中国に派遣しました。これは「公明党訪中友好青年の船」と呼ばれ、四百四十五人が乗船し、日本政党史上初めてとなる青年交流が行われました。

一九七八年三月十日から十七日、

第六次となる訪中団が派遣されます。ここでは日中平和友好条約についての交渉が再開され、四項目の公式見解を中国側に対して示しました。そして、同年八月十二日に日中平和友好条約が調印されたのです。

当時は日本の団体が中国を訪問する時には、中国側の許可が必要でした。許可を得るには訪中の目的や滞在時間、交渉先の団体など、さまざまなことを事前に確認する必要がありましたが、公明党の訪中は中国からの招聘により行われていたことからも、公明党に対する中国の信頼感がいかに強かったかがよくわかります。

周恩来が公明党を国交正常化へ向けた下地づくりの相手として指名した理由はいくつかあります。最大の理由は、周恩来が一九六〇年代初めから創価学会に注目し、特に池田会長の中国に対する考えを高く評価していたことにあります。だからこそ周恩来の視線は、政治の次元で池田会長の日中友好の精神を体現する公明党へと移ったのです。そして周恩来は、公明党訪中団と会見した中で、他の政党との違いを感じ取ったのです。

他の政党は、中国に来てから話し合いの中で考えを示しましたが、公明党はあらかじめ考えを用意した上で、中国訪問に臨んでいました。周恩来は、その積極的な行動を高く評価したのです。また、訪中した他の政党に対して、中国側は国交正常化に向けた草案を示し、その内容が外に漏れないようにと伝えていましたが、その約束は守られませんでした。公明党は他の政党とは違い、党内に左、右といった派閥がなく、意見が統一されていたこともあり、第一次、第二次訪中の際の内容を外に漏らすことなく約束を守りました。そのことを周恩来は信頼したのです。さらにいえば、公明党訪中団に若い青年世代の党員が参加していたことも評価につながりました。

国交正常化が実現した後、『人民日報』に国交正常化に寄与した日本の野党の名前が掲載されたことがあります。本来であれば、当時の政党規模からいっても社会党の名前が先にくるのが普通ですが、そこでは公明党の名前が野党の一番手として記載されていたのです。[9] いかに中国が公明党に高い評価をしていたかがわかります。

国交正常化以降、日中間の外交チャンネルは正式に開かれていました。しかし実際には、平和友好条約の締結まで相手役として指名されたのは信頼関係を築いた公明党です。それは「アジアの平和には日中の万代の友好が絶対に必要である」との強い信念を一貫して持ち続けてきた、公明党だからこそ担うことのできた重要な役割だったのです。

第四節　橋渡し役を担った公明党

訪中前の自民党との接触

日中国交正常化に向けて尽力した公明党代表訪中団の動きの中で一つの大きなポイントになったのが、一九七二年七月二十五日からの第三次訪中でした。

公明党は第三次訪中の前に、次期首相の可能性が高かった田中角栄のもとを訪れます。そこで公明党は田中の親書を持って中国に行きたいとの考えを伝えますが、田中が消極的な態度を示したため断念しました。ただ一方で、田中は、公明党代表団に対して四つの言づてを頼みました。それは、①同じアジア人であるから互いに信義を守る以上は問題がない②訪中の時期については状況をみて判断する③中国政府から中日友好代表団に訪日を要求④田中角栄が訪中する際は直行便で北京に入りたい――との内容でした。[10]

こうした依頼を公明党に託しつつも慎重な姿勢でいたのは、与党である自民党として、野党である公明党に中国との窓口を頼むことへの躊躇《ちゅうちょ》があったのだと思われます。また、台湾との関係を考慮すると、どうしても慎重にならざるを得なかったのでしょう。

その後、田中が総理に就任すると、中国側は国交正常化を進める方向へと本格的に向かっていきます。田中内閣発足の翌日七月八日には日本の研究班を設置し、日本の新政府を歓迎すると発表しました。翌九日には、訪中した南イエメン代表団の歓迎パーティーの席上、周恩来が「田中首相ができるだけ早く中国を訪問し、国交正常化が実現することを歓迎したい」と語っています。同日、『人民日報』では田中内閣誕生について触れ、日本の対中政策について詳しく紹介しました。こうした中国側の動きは、日中両国内で大きな反響を呼びます。

さらに翌十日には、孫平化が団長を務める中国上海舞劇団が来日し、二十日には、大《おお》平正芳《ひらまさよし》外相、三木武夫《みきたけお》国務相、橋本登美三郎《はしもととみさぶろう》自民党幹事長らと会談しています。この時、自民党側は公明党の仲介を考えていませんでしたが、それでも中国側が公明党を介したのは、周恩来が公明党との信義を守り、公明党の役割を最後まで大事にしたからです。

賠償請求を放棄した中国

七月二十五日、公明党代表団は東京を出発し、香港経由で北京に入りました。この時は香港から専用機で移動するなど、国賓級の待遇で迎えられました。このような対応は日中の交流史上初めてのことでした。

公明党代表団は訪中期間中、人民大会堂で三回、延べ六時間にわたり周恩来と会談を行いました。この会談で、中国側から日中国交正常化に向けて新たに二つの案が示されました。一つは、国交正常化を共同声明の形で実現し、その後に平和友好条約を結ぶというものです。この中で、日米関係には触れないように配慮することも示されました。ここは中国側が大幅に譲歩したところで、「復交三原則」以外は交渉の余地があることが示されたのです。

二つ目は戦争被害の賠償についてです。この問題は国交回復を進めるにあたって、日本政府が憂慮していた難問でもありました。なぜなら、被害賠償の総額は当時でおよそ六千億ドルともいわれ、もしそれを支払うことになれば、日本の経済は大きなダメージを受けることになります。

周恩来は公明党代表団に対して、「毛主席は賠償請求権を放棄すると言っています。賠償を求めれば、日本人民に負担がかかります。そのことは中国人民が身をもって知っています[11]」と、毛沢東が戦争賠償を放棄する考えでいることを伝えました。

同時にそれは周恩来の心でもあったのです。なぜなら、中国もかつて日清戦争に敗れ、日本に多額の賠償を払ったことによって、中国人民が重税を課せられ塗炭の苦しみを経験した過去があったからです。日本の人民も軍国主義の犠牲者であり、同じ苦しみを日本の人民に味わわせてはならないと、周恩来は考えていたのです。

また、周恩来はさらにこうも伝えました。「賠償の請求権を放棄するということを共同声明に書いてもよいと思います[12]」と。この周恩来の言葉に公明党代表団も非常に驚いたといいます。代表団が感謝の意を伝えると、周恩来はこう語りました。「当然のことです。二十数年来の両国人民の友好によって国交が実現するのですから、私たちはこれから次の世代を考えなくてはなりません[13]」「国交回復し、友好条約を締結してアジアの平和のみならず世界の平和に貢献しましょう[14]」と。

過去を振り返るのではなく、日中の未来を生きる次世代を見据えた時、国交正常化と平和友好条約が絶対に必要である——これが池田会長の「日中国交正常化提言」の精神とも共通する周恩来の心であったのです。

中国側が示した共同声明の草案

公明党代表団との二回目の会談で、周恩来は日本と中国の関係の特殊性について強調しました。それは中国と日本の問題は、中国と米国の問題とは違うというものです。なぜなら、中日両国には二十数年にわたる交渉の歴史があり、米国との間にはそれがなかったからです。また当時、米国と台湾との間で結ばれていた軍事条約とは違い、日本と米国との間で結ばれた条約が安保条約であるという違いについても示しています。

その上で周恩来は、日本は米国よりも早く中国と国交を結ぶべきであると強調しました。そのことを周恩来は前年にキッシンジャー訪中の折に伝え、キッシンジャーも賛成

日中国交正常化への道筋を示した共同声明の草案に合意し、握手する公明党代表団と中国側（撮影：1972年7月、北京）Ⓒ公明新聞

していました。

七月二十九日、三回目の会談が行われます。ここで周恩来は、それまで話し合ってきた内容をまとめた「日中共同声明」の中国側の草案を読み上げます。

その内容は主に次のようなものでした。「中華人民共和国と日本国との間の戦争状態は、この声明が公表される日に終了する」「日本政府は、中華人民共和国政府が提出した中日国交回復の三原則を十分に理解し、中華人民共和国政府が中国を代表する唯一の合法政府であることを承認する。これに基づき両国政府は、外交関係を樹立し、大使を交換する」「双方は、主権と領土保全の相互尊重、相互不可侵、内政の相互不干渉、平等・互恵、平和共存の五原則に基づいて、中日両国の関係を処理することに同意する」「双方は、両国の外交関係が樹立された後、平和共存の五原則に基づいて、平和友好条約を締結することに同意する」「中日両国人民の友誼《ゆうぎ》のため、中華人民共和国政府は、日本国に対する戦争賠償の請求権を放棄する」

公明党代表団は、周恩来が読み上げた内容を必死に記録しました。その文書について周恩来は、「三回にわたる会談の内容はすべて重要でありますので、田中首相、大平外相以外は、完全に秘密を守ってください[15]」と強調しています。それだけ重要な内容のすべてを公明党に伝えたのは、公明党への全面的な信頼があったからだと思います。

公明党代表団は帰国後、中国側が示した共同声明草案を田中首相と大平外相に伝えます。これが一つの転機となり、その内容について日本の外務省が検討を始め、田中首相の訪中へと一気に進んでいくことになるのです。

ここまでの経緯を振り返った時、あらためて日中国交正常化の実現に向けて、公明党が日中両政府の橋渡し役を担ってきたことを実感します。

第五節

公明党への信頼の背景にあったもの

平和友好条約の早期締結を提言

日中国交正常化に公明党が果たした歴史的役割についてこれまで触れてきましたが、ここではなぜ公明党に対して中国、中でも周恩来が深い信頼を寄せていたのか、その背景について振り返ってみたいと思います。

公明党は、一九六四年十一月に公明政治連盟として結成されました。結党にあたり、創立者である創価学会・池田会長（当時）が政策について提案したことは一つだけでした。それは、党の外交政策の骨格として「中華人民共和国を正式承認し、日本は中国との国交回復に努めるべきである」ということでした。(16)

その後も池田会長は、「人びとの幸福と世界の平和の実現は、仏法者の社会的使命である」[17]との信念に基づき、一九六八年九月八日に「日中国交正常化提言」を発表しました。この提言は当時の中国、日本いずれの状況から見ても、非常に衝撃的な内容であったのですが、さらに驚くべきは、池田会長が平和友好条約についても言及していることです。

池田会長は、提言発表の翌一九六九年六月に『聖教新聞』紙上で連載していた小説『人間革命』「戦争と講話」の章の中で、「日本が自ら、地球上のあらゆる国々と、平和と友好の絆を強めていくことである」とした上で、「第一に中華人民共和国とは万難を排しても友好の絆を結ぶべきである」と、中国との平和友好条約の早期締結を主張しました。[18]日中国交正常化の見通しがまったくつかない段階で、すでに平和友好条約の早期締結を主張していた池田会長の先見性には驚くばかりです。

池田会長は、鄧小平副首相と会談した際（一九七四年）に、平和友好条約の早期締結について言及すると、鄧小平はそれを受け入れました。その後の周恩来との会見でも同じように平和友好条約の締結に触れ、永遠なる友好を理想としていた周恩来と考えを一致させたのです。池田会長は、周恩来との会見の翌年、訪米してキッシンジャー国務長

中国の習近平総書記（当時）と公明党の山口那津男代表（撮影：2013年1月、北京・人民大会堂）。日中の金の橋は今も守られている ©共同

官と会談しました。そこで日中平和友好条約の締結について意見を求めたところ、キッシンジャーから賛同が得られました。そのことを聞いた大平蔵相は、「我が意を得た」と語ったそうです。ここで、平和友好条約締結への機運が高まったのです。

その後、周恩来、毛沢東の逝去、鄧小平の失脚があり、日本でもロッキード事件で政治が混乱したため、平和友好条約締結の流れは一度減速してしまいました。しかし、一九七七年に鄧小平が副主席として復活し、日本側も福田赳《ふくだたけ》夫《お》内閣が平和友好条約に前向きな姿勢を示したため、再び条約締結への機運が高まりました。

ここでも公明党が信頼に基づいた力を発揮します。一九七八年三月、公明党は第六次訪中の折、中日友好協会会長の廖承志に、福田首相が条約締結に前向きであることを伝えました。同条約が交渉から締結まで四年の時間を要したのは、中国側が反覇権の考えからソ連と対立する中、日本も同じ立場をとることを求めたからです。これについても公明党が尽力し、中国側が示した反覇権条項について、「第三国との関係に関する各締約国の立場に影響を及ぼすものではない」とのゆるやかな表記を勝ち取ったことで、一九七八年八月十二日、日中平和友好条約が北京で調印されたのです。その後、同条約は十月に国会の衆参両院で圧倒的多数で批准されました。十月二十二日に鄧小平が来日して正式に批准書が交換され、同月二十三日より効力発生となりました。

日本と中国の間には、国交正常化から現在に至るまでに、①日中共同声明（一九七二年・周恩来）②日中平和友好条約（一九七八年・鄧小平）③日中共同宣言（一九九八年・江《こう》沢民《たくみん》）④日中共同声明（二〇〇八年・胡錦濤《こきんとう》）――の四つの政治文書が存在しています。

ここまで見てきたように、公明党はこのうちのはじめの二つの文書、つまり日中共同声明と日中平和友好条約に関して、その交渉段階から尽力して関わってきました。今、日本と中国の関係に多少の波風が立ったとしても大きなトラブルにならないのは、この二つの文書が礎《いしずえ》となっているからです。このことからも日中両国の友好の土台は、信頼を軸にした公明党の政治上の努力があったればこそだと実感します。

自民党を動かした公明党の努力

一九七二年九月十八日、周恩来は自民党内の日中国交正常化協議会の代表団の一人である小坂善太郎《こさかぜんたろう》と会見しました。自民党初の正式な代表団です。この代表団は田中首相訪中の先遣隊として準備にあたりましたが、周恩来は田中首相を熱烈に歓迎することを伝え、「中国と日本の間の往来は断絶したことがない。これは日本と中国の大きな特徴であり、このことは大事にしなければいけない」[19]と語りました。それに対して小坂は、

「周恩来総理にお会いすることができて、我々はさらに日中国交回復に自信を持った。我々は田中首相の歴史的な節目を完成させるように協力していく[20]」と語ったといいます。

田中は総理大臣になる直前、日中国交回復に積極的な意思を表明しつつも、総理大臣になってから一時消極的な姿勢を見せました。ですが最終的に自民党は、公明党代表訪中団が中国側との交渉の中で作成した「日中連合声明（草案）」をもとに「日中共同声明綱要」をまとめ、日本政府の意見として中国側に伝えました。その内容は、台湾問題、戦争状態の終結宣言、中国側の復交三原則を認めるというもので、その後の共同声明の内容と重なるものでした。つまり、公明党が作成した草案を自民党、政府がほぼそのまま受け入れる形となったのです。

公明党の交渉を色濃く反映した草案が田中首相のもとに渡ったことで、再び国交正常化に積極的になったことを考えると、自民党が国交正常化に向けて本格的に動き出した背景には、公明党の成果があったことは明らかです。

こまやかな心遣いと国内への説得

周恩来は、日中両国の友好の思いを「平和友好を堅持して太平洋はこれから必ず太平（平和）になります[21]」と非常にわかりやすい言葉で表現しています。この周恩来の心は日本に対するこまやかな心遣いとなって表れました。

一九七二年五月十五日、第二次公明党代表訪中団と周恩来が会談した際、〝日本の次期首相は田中角栄が有力〟との話題になり、周恩来は「もしそうであるなら、田中さんに伝えて下さい。もし総理になられてご自身で中国へお見えになるならば、北京の空港はいつでも開けてお待ちしております[22]」と語りました。さらに、訪中で話し合うべき一番重要なことは、戦争状態の終結であるとした上で、「ホストとしてお迎えいたします」と田中角栄首相を立て、接待のレベルはニクソン大統領訪中の時と同じ、もしくはそれを超える接待を考えていると語っています。

一方、中国国内では、日本の首相が訪中することに対して反対する声が、国民や中国共産党の高級幹部の間で起こりました。特に、国民の間には日本の対中侵略がもたらした惨禍に対する記憶がまだ残っていたこともあり、日本に対して複雑な感情を持っていたのです。

また、「戦争賠償問題」も議論になりました。過去の戦争の賠償について解決していないまま、日本の首相の訪中を迎えることに反対の声があがったのです。

しかし、周恩来はそうした声に対して、「一切の問題は首脳会談の話し合いで解決する[23]」と言って、直接会って解決していく方針を示しました。それは、日中国交正常化に向けて、「まずは行動しよう」との周恩来の考えの表れであったと思います。

さらに周恩来は、一つの方策をとりました。「関于接待田中首相訪華的内部宣伝提綱」という田中首相の訪中に関する内部宣伝文書を中国外務省につくらせ、それを持って周恩来自らの指導のもと、中国国内各界に向けた説得・教育のキャンペーンを行いました。「田中首相がなぜ訪中をするのか。中国はなぜ田中首相を招待するのか」についての回答が書かれたこの文書を、中央当局からの通達として全国の党組織と国民に対して宣伝し、納得してもらうように尽力したのです。

また、第三次公明党代表訪中団との会見の際には、田中首相訪中時には直接北京入りしたいとの日本側の希望に対して、「私たちは田中首相や大平正芳大臣を困らせるようなことはしません。目的は一日も早く国交正常化を実現することです。田中首相が直接北京に来られる案を考えてほしい(24)」とも語っています。

実際に、田中首相の訪中時には、彼の趣味嗜好《しこう》について把握した上で、こまやかなもてなしがありました。たとえば、田中首相が暑がりだったため、宿泊する部屋は常に室温が十七度に保たれ、田中首相が外から帰ってきた際には、目白の自宅と同じように冷たいおしぼりと氷の入った水が用意されました。また、田中首相が大好きな台湾バナナや、郷里の新潟県柏崎市から取り寄せた味噌を使った味噌汁、越後のコシヒカリなども用意されていました。そうした対応に田中首相は驚いて、周囲に「やるねぇ」と語っていたといいます。(25)

相手のことをよく知り、最大限に真心で接していく——その姿勢は、池田会長が海外の識者に会う際の姿勢とも通じるものだと思います。創価学会が信奉する日蓮の言葉に「謀《はかりごと》を帷帳《いちょう》の中に回《めぐ》らし勝つことを千里の外に決せし者なり(26)」とあり、池田会長も「勝負の九割は事前の準備で決まる」との考えを持っています。それが常に相手に対して、事前の準備をしておくという、こまやかな心遣いとして表れています。

（1）**「政策については皆さんに託しているが……」**
『池田大作の軌跡　平和と文化の大城Ⅰ』（潮出版社）第七章「日中国交正常化を提言（上）」、一八八ページ

（2）**「日中の国交問題は最大の国民的課題であり……」**
『公明新聞』二〇一四年十一月十七日付、「政治を変えた公明党の判断」

（3）**「公明党が成立してから、皆さんの主張に……」**
米谷健一郎『周恩来 日本を語る。』（実業之日本社）、一二三ページ

（4）**「皆さんは、どうすれば中日国交の回復が……」**
『周恩来外交活動大事記（1949～1975）』（世界知識出版社）、五九四ページ

（5）**「公明党の主張する、この五つの点が実現……」**
同前

（6）**「公明党とは知り合うのが遅くなった……」**
同前

（7）**「日中関係についてできるだけ早く……」**
『日中関係基本資料集：1949年―1997年』（霞山会）

（8）**復交三原則**
一九七二年五月の公明党代表訪中団第二次訪中の折に、国交正常化への条件として中国側が示したもので、①中華人民共和国は中国を代表する唯一の合法政府である②台湾は中国領土の不可分の一部である③日台条約は不法であり、無効である――とする三原則

（9）**「公明党の名前が野党の一番手として……」**
『人民日報』一九七二年九月三十日付

（10）**「田中は、公明党代表団に対して四つの……」**
王泰平『新中国外国50年』（北京出版社）、四一八ページ参照

（11）**「毛主席は賠償請求権を放棄すると……」**
データベース「世界と日本」、外務省公開文書「第一回竹入義勝・周恩来会談記録」（https://worldjpn.grips.ac.jp/documents/texts/JPCH/19720727.01J.html）、最終閲覧日：二〇二一年一月四日

（12）**「賠償の請求権を放棄するということを……」**
同前

（13）**「当然のことです。二十数年来の両国人民の……」**
同前

（14）**「国交回復し、友好条約を締結してアジアの……」**
同前

（15）**「三回にわたる会談の内容はすべて……」**

データベース「世界と日本」、外務省公開文書「第三回竹入義勝・周恩来会談記録」(https://worldjpn.grips.ac.jp/documents/texts/JPCH/19720729.01J.html)、最終閲覧日：二〇二一年一月四日

(16) **「中華人民共和国を正式承認し、日本は……」**
公明党史編纂委員会『公明党５０年の歩み』(公明党機関紙委員会)、三六ページ

(17) **「人びとの幸福と世界の平和の実現は……」**
池田大作『新・人間革命』(聖教新聞社)第十三巻、四三ページ

(18) **「日本が自ら、地球上のあらゆる国々と……」**
『池田大作全集』(聖教新聞社)第一四六巻、一三九ページ

(19) **「中国と日本の間の往来は断絶したことが……」**
『月刊自由民主』、一九九〇年八月号

(20) **「周恩来総理にお会いすることができて……」**
同前

(21) **「平和友好を堅持して太平洋はこれから必ず……」**
『日中関係資料集(１９４５年～１９６６年)』、二五六ページ

(22) **「もしそうであるなら、田中さんに伝えて……」**
公明党史編纂委員会『公明党５０年の歩み』(公明党機関紙委員会)、一一一ページ

(23) **「一切の問題は首脳会談の話し合いで……」**
『党史文匯』(東方書店)一九九七年第三期

(24) **「私たちは田中首相や大平正芳大臣を……」**
中共中央文献研究室編『周恩来年譜(１９４９—１９７２)』(中央文献出版社)下、五四〇ページ

(25) **「実際に、田中首相の訪中時には、……」**
呉学文、王俊彦『廖承志与日本』(中共党史出版社)、三八〇ページ

(26) **「謀を帷帳の中に回らし勝つことを……」**
『新編　日蓮大聖人御書全集』創価学会版、第二七三刷、一八三ページ

第五章

周恩来の日中友好の思い

第一節　好機を逃さずに手を打った周恩来

国交正常化の背景にあった中国国内の変化

一九七一年、日本では、佐藤栄作《さとうえいさく》政権が後半の時期を迎え、中国との関係改善を積極的に進めていこうとする動きが目立つようになっていました。日中友好に情熱を注いだ元自民党議員の松村謙三《まつむらけんぞう》が逝去した際には、葬儀に出席するために中日友好協会副会長の王国権《おうこくけん》が来日しましたが、竹下登《たけしたのぼる》官房長官が羽田空港まで出迎えに行き、王国権は福田赳夫《ふくだたけお》外務大臣とも会談しています。

佐藤首相からも王国権に対して会談の申し入れがありましたが、王国権のもとには周《しゅう》恩来《おんらい》からの「佐藤首相は台湾を支持しており、こちらから接触しないように(1)」との指示が届いていたため、佐藤首相との接触は実現しませんでした。

佐藤首相は、香港《ホンコン》駐在の日本総領事や東京都知事・美濃部《みのべ》亮吉《りょうきち》のルートから中国との外交を図り、訪中の可能性も探りましたが、これも結果的には失敗に終わりました。かつて周恩来は、訪中した日中国交回復促進議員連盟代表団に対して、「日中国交は原則が大事である。原則を守ればいつか必ず正常化は実を結ぶ。次の内閣でだめなら、その次の内閣でやればよい(2)」と語ったといいます。それほどに周恩来は原則を大事にしていました。佐藤政権の曖昧《あいまい》な姿勢が、この時の失敗の要因であったと思います。

また、日本の国内情勢をよく研究していた周恩来は、この時すでに、ポスト佐藤政権へと視線を注いでいたのではないかとも思います。

いずれにしても日中国交正常化へ向かうにあたり、あくまでも復交三原則をあやふやにはしないという周恩来の信念が、ここでもはっきりと表れていることがわかります。

一九七二年四月十七日、かつて、佐藤政権で外相を務めていた三木武夫《みきたけお》が訪中した際、周恩来は三木に対してこう語っています。

「日中関係は他の国とは違います。歴史上、まず一衣帯水《いちいたいすい》の関係で長い交流がありました。現在の関係のこの五十年だけが不正常であり、それによって中国国民だけでなく、日本の国民も軍国主義の被害を受けることになりました。中国は平和、友好、太平の信念を持っています。ぜひ日本との間にある太平洋を本当の太平（平和）にしてほしいのです[3]」と。

ここで周恩来は、国交正常化に関して二つのことを口にしました。それは「日中関係は一衣帯水である」（両者の間には一筋の細い川ほどの狭い隔たりがあるだけで、きわめて近接している）こと、「国交正常化の最大の目的は日中だけでなく世界の平和である」ことの二つです。

周恩来の日中国交正常化へのこの思いは、池田会長の考えとも通じます。池田会長は後年、中国・大連《だいれん》でのフォーラムに次のメッセージを寄せています。

「一衣帯水の中国と日本の両国の間に、いかなる困難な課題が立ちはだかろうとも、勇気を奮い起こし、『推己及人』（人の身になって推し量る）の心で協力し合い、学び合いながら、立ち向かっていくならば、断じて乗り越えることができます。

なかんずく、青年と青年が手を取り合い、教育・文化の次元で交流を持続していくならば、何があろうとも一切を必ず『変毒為薬』できると、私は申し上げたいのであります」[4]

一衣帯水の日中両国であるからこそ、友好を実現し、過去の困難を乗り越えていくことができる。この固い信念が周恩来と池田会長の根底にあり、その友好こそアジア、世界の平和に寄与するものでもあったのだと思います。

周恩来の急ぐ思い

周恩来が日本との国交回復に向けて、なぜこれだけの情熱を注ぎ、信念の行動をとったのか。それは無情にも過ぎ去っていく時間との戦いともいえる、周恩来自身の切なる思いがありました

周恩来は自身も高齢になり、それまで日中国交回復に尽力してきた親中派の政治家や民間人も高齢化する中、日中国交正常化の実現を急ぐ思いがあったのです。一九七二年の春頃になると、それまで以上に焦燥感を抱くようになっていきます。なぜなら周恩来は、がんを患《わずら》っており、余命が長くないといわれていたのです。

そのこともあり、周恩来は、自分が生きている間に国交正常化が実現できるかどうかを常に気にしていたのだと思います。

周恩来の若い頃の文集には、自分は青年時代に日本で過ごした時期があり、だからこそ日本に対する特別な感情があることが綴《つづ》られています。特別な日本への思い——それを具体的な形として表すものこそ、まさに日中国交正常化だったのではないでしょうか。

日中国交正常化実現に向けた総仕上げの三年間の行動からは、そんな周恩来の思いを感じてなりません。

第二節

歴史認識と未来への眼差し

周恩来の国交正常化への心情

日本と中国の間における歴史認識の問題は、今でもさまざまな議論がありますが、日中国交正常化に向けた公明党との交渉段階で、周恩来は歴史問題には触れていません。これは周恩来の考えであり、日本に対する心遣いと中国側の譲歩があったのです。しかし、日中国交正常化が実現する直前の舞台裏で、歴史認識の違いを露呈《ろてい》する一つの象徴的な出来事が起こりました。

一九七二年九月二十五日、周恩来の主催で、日中共同声明に調印するため訪中した田中角栄《たなかかくえい》首相を歓迎する晩餐《ばんさん》会が、北京《ペキン》の天安門《てんあんもん》広場に面した人民大会堂で開かれました。周恩来はそこで、「一八九四年以来、半世紀にわたる日本軍国主義の中国侵略によって、中国人民は極めてひどい災難を蒙《こうむ》り、日本人民も大きな被害を受けました。前のことを忘れることなく後ろは戒《いまし》めとするというが、我々はそのような経験と教訓をしっかりと銘記しておかなければいけない(5)」と述べました。

これに対して田中首相は、「過去数十年にわたって、わが国が中国国民に多大のご迷惑をおかけしたことについて、私はあらためて深い反省の念を表明する(6)」と述べたのです。この挨拶《あいさつ》で、その場には緊張感が走りました。緊張感が走った理由は、次の日に明らかになります。

翌日の二回目の会談の中で、周恩来は「田中首相が述べた『過去の不幸なことを反省する』という考え方は、我々としても受け入れられます。しかし、田中首相の『中国人民に迷惑をかけた』との言葉は中国人の反感を呼ぶものです。なぜなら中国では『迷惑』とは小さなことにしか使われないからです(7)」と述べています。

田中首相が迷惑という言葉を使うと、通訳は中国語で「添了麻煩」（貴国に迷惑をかけた）と訳しました。中国語で「添了麻煩」とは、「うっかり迷惑をかける」という意味です。戦争で中国人民に深い災難をもたらし、数百万人が犠牲となり、日本の国民も大

田中首相（中央左）を歓迎する晩餐会――周恩来総理（中央右）は中華箸で田中首相の皿に料理を運ぶ（撮影：1972年9月25日、北京・人民大会堂）©共同

きな被害を受けたことに対し、「添了麻煩」と軽いお詫《わ》びの言葉が用いられたことは、中国人民としては到底受け入れられるものではなかったのです。この時、中国側は歴史認識に関して、初めて日本政府に注文をつけることになります。

また、この二回目の会談の際、田中首相から日本国内に日中国交正常化に反対する勢力があるとの発言があり、それに対して周恩来は、「我々のところでも、日中国交正常化に、少数の者が反対した。また、彼らは米中関係改善にも反対した。林彪《りんぴょう》がそうだった。また我々の方も人民に説明する必要がある。人民を教育しなければ、『三光政策(8)』でひどい目に遭った大衆を説得することはできない」[9]と述べ、ここで初めて日本だけでなく、中国国内にも事情があることをはっきりと伝えたのです。

その後、「日中共同声明」の具体的な条項については、大平正芳《おおひらまさよし》外相と姫鵬飛《きほうひ》外交部長（日本の外務大臣にあたる）による事務レベルでの折衝が行われ、最終的には共同声明において、「日本側は、過去において日本国が戦争を通じて中国国民に重大な損害を与えたことについての責任を痛感し、深く反省する」との文言が記載されました。この共同声明の文言が、日中政府間の協定において、初めて日本の戦争責任を政府が認めて謝罪したものとなったのです。

一方で中国は、中日両国国民の友好のために戦争賠償の請求権を放棄したのです。

「感情で政策を決めてはならない」

周恩来は、田中首相訪中前に日中国交正常化の必要性と、その実現によって中国にどのような利点があるかを国内に向けて伝えていきました。

その利点とは、①米ソ両覇権主義に対して有利になり、特にソ連の修正主義に対する戦争に対して有利になる②日本の軍国主義の復活に反対するのに有利になる③台湾を解放するのに有利になる（二つの中国）④アジアの緊張情勢を緩和するのに有利になる——との四点で、ここで初めて中国国内に向けて、日中国交正常化の具体的な意義が語られたのです。そして、周恩来は外交関係者に対して、これを中国国内に広めていくよう指示しました。その時、周恩来は、中国人民が戦争で家が壊され、家族がばらばらになったことの深い恨みを忘れられないことについては十分に理解を示しつつも、「我々は感情で政策を決めてはならない」⑩と伝えたのです。

その後、中国国内では上海《シャンハイ》など都市部で説明が繰り広げられ、田中首相訪中の前に全国的に展開されました。このように国内の反日感情を抑え、田中首相受け入れの土壌を整えていったことで、田中首相は無事に北京空港、その後、上海空港に到着し、市民も自発的に花束を持って歓迎して、国交正常化が実現に至ったのです。ここにもまた、周恩来の心遣いがよく表れているとともに、それほどに国交正常化実現に向けた情熱が溢《あふ》れていたことが感じ取れます。

第三節

周恩来が進めた四つの協定

病を押して続けた晩年の外交努力

周恩来は日中国交正常化を実現し、それを実質的なものにしていくための努力を注いでいきました。特に晩年の四年間は、周恩来にとって非常に過酷な闘争だったのです。

一九七二年五月十一日、尿検査で周恩来にがんが発見されました。この年の九月二十九日に日中共同声明が調印されます。周恩来は、日中国交回復を実現する大事な時期に大きな病に直面したのです。そのため周恩来は、この時点では入院はしていません。一九七三年一月、再度血尿が出て、三月の検査では膀胱《ぼうこう》に三つの小さな腫瘍《しゅよう》が見つかりました。この時、腫瘍摘出の小規模な手術を受けました。医師からは術後の入院を勧められましたが、それでも入院はせず、三カ月に一回の検査を受けていくことになります。

一九七四年になると、無情にも病状は悪化し、深刻な状態になっていきます。そのような中、周恩来は、昼間は体を休め、夜間に人と会うようになっていきます。

1972年9月、病を押して北京空港で田中首相を出迎える周恩来 ©UPI＝共同

一九七四年六月一日に再度検査を受けた周恩来は、中国人民解放軍第三〇五病院に強制入院となり、その日のうちに膀胱摘出の大手術、そして八月十日にも二回目の大きな手術が行われました。その年末には、新たに腸のがんも発見されます。このがんは珍しいケースで、転移ではなく新たに

生じたがんであったため、一九七五年三月二十六日に三回目の大規模な手術で腸のがんを切除しますが、一度だけでは取りきれず、九月二十日に四回目の大手術を受けます。しかし、四度の大きな手術を経てもがんはきれいに切除することができなかったため、十月二十四日に五回目の手術が行われました。さらに、一九七六年一月五日に六回目の手術が行われますが、その三日後の一月八日、周恩来は逝去します。

一九七四年六月一日の強制入院から一九七六年一月八日の逝去に至る間、周恩来は大きな手術を六回受け、小さな手術は八回(強制入院前の一回を含む)と、計十四回に及ぶ手術を受けました。まさに大きな病と向き合い、それを克服せんとの闘争の連続であったのです。それでも周恩来は、自身の身に降りかかる病魔との闘いの中で、三十二回の重要会議などを行いながら、二百二十人と会っています[11]。そのうちの六十五人が外国人で、かつ、四分の三は日本人でした。そして、その中に、創価学会の池田会長との歴史的な会談があったのです。

この病床における周恩来の行動は、世々代々の日中友好への情熱を、まさに最期の瞬間まで燃やし続けたものであったといえます。

国交正常化後、初めて結ばれた日中貿易協定

日中国交正常化は共同声明の調印で完結したわけではありませんでした。むしろ、共同声明以降が名実ともに日中国交正常化を実現していく本番であったともいえます。

なぜなら、共同声明で政府間の国交回復が明記されたものの、それを実質的なものにするためには、「貿易」「航空」「海運」「漁業」そして「平和友好」といった実務的な協定・条約が必要であったからです。日中国交回復に向けて、常に両国国民のために必要なことに視線を向けてきた周恩来は、国交正常化後、四つの協定と一つの条約の締結へ向けて力を注いでいきます。

はじめに手がけたのが日中貿易協定でした。同協定は、先の共同声明に基づき、それまでの民間貿易関係によって積み上げられてきた成果を尊重しながら、両国間の貿易を平等互恵の原則の上に一層発展させ、経済関係を強化することを目指して結ばれたものです。この協定は、今日にも続く日中貿易の土台となっています。

日中貿易協定の交渉は、一九七三年一月十七日から二十一日まで、北京の人民大会堂で行われました。ここには日本側から通産大臣である中《なか》曽《そ》根《ね》康弘《やすひろ》が訪中団団長として出席し、周恩来は三回にわたり会談を行いました。国交正常化後の初の協定ということで、事務レベルの局長級の連絡ルートがつくられ、日本側の通産省政策局と中国の対外貿易部との間で、具体的な条項が作成されました。

協定締結に向け、はじめは共産圏への輸出を規制するＣＯＣＯＭ（対共産圏輸出統制委員会）[12]や、台湾との関係を背景に中国を最恵国待遇[13]とすることへの心配などが、協定交渉の障壁となりました。しかし、周恩来が共同声明をもとに、日本と台湾との貿易は台湾を国として認めていないので民間交流と位置付けるなど、柔軟な考えを示したことから、交渉は進んでいきました。

一九七四年一月三日、外務大臣の大平正芳が訪中。周恩来はがんを患っていましたが交渉の席につき、一月五日に北京で日中貿易協定が結ばれ、同年六月二十二日に発効するに至ったのです。

この日中貿易協定は、周恩来が国交正常化以前から促進してきた民間貿易協定を政府間によるものへと転換した、非常に大きな意義を持つ協定となりました。

ヒト、モノの交流を新たな段階へ

周恩来は、亡くなる約二年前にこの日中貿易協定を締結し、その後の二年間は入院しての闘病生活でした。貿易協定を成し遂げた後、周恩来が実現していった実務的な協定が「日中航空協定」「日中海運協定」「日中漁業協定」の三つです。周恩来は、自らの寿命を察知していたかのように、闘病中でありながら、これらの協定締結を急ぐため、関係者を病院に呼んでは次々と指示を出していきました。

日中航空協定は、国交正常化後、人々の往来ができるようになったとはいえ、現代の〝足〟ともいえる飛行機の「北京—東京間」直行便の必要性から考えられたものでした。政界関係者などは特別機で往来できても、民間人は従来どおり香港経由でしか中国に入れない状況が続いていたのです。

日本でも、民間の貿易交流が行われていた頃から航空協定の必要性について政府へ要請はされていました。しかし、親台派も少なくない自民党内で一九五五年に結ばれた日本と台湾の空路に関する日台協定が持ち出され、話はなかなか進んでいきませんでした。

そのような中、一九七四年一月の大平外相訪中の際、周恩来は病を押して病院から出て、大平外相とともに毛沢東《もうたくとう》に会いに行き、そこで航空協定について話をしました。そこでは、台湾との空路について、台湾には日本航空（JAL：当時、一国を代表する航空会社）は就航せず、日本航空子会社の日本アジア航空が就航することや、台湾の飛行機は羽田空港以外には就航しないなど、柔軟な対応が提案され、課題をクリアしていきました。この対応に自民党も納得し、日中航空協定が結ばれ、国交正常化から二周年の節目を迎える一九七四年九月に飛行が開始されることになったのです。ここで貿易によるモノの往来に次いで、日中間のヒトの往来が実現に至ります。

貿易、航空協定ができると次は、日中海運協定と日中漁業協定も締結に向けて加速していきます。この二つは比較的早く交渉が進みました。海運協定については、港の使用や事務所の開設などいくつかのハードルがありましたが、これらを一つ一つクリアしながら、一九七四年十一月十三日に海運協定が結ばれ、これが日中貿易をさらに後押ししていくことになりました。

漁業協定については、国交正常化以前の一九五五年に、民間団体である日本側の「日中漁業協議会」と、中国共産党政府の「中国漁業協会」との間で日中民間漁業協定が結ばれていましたが、一九七三年から始まった交渉の中で民間の文字がとられ、一九七五年八月十五日に日中漁業協定が結ばれます。この漁業協定では、漁業区域が定められ、海洋の安全、秩序を守ることなどが決められました。

こうして国交正常化の後、およそ三年間のうちに貿易、航空、海運、漁業に関する両国間の協定が結ばれ、日中間のヒト、モノの交流は新しい段階へと入っていったのです。この三年間は、まさに周恩来の晩年にあたり、そこで周恩来は命懸けで日中関係の大きな仕事を成し遂げていきました。

周恩来が、最後の五つ目として見据えていたのが「日中平和友好条約」です。残念ながら彼は、その実現を目にすることはできませんでした。しかし、周恩来は、日中平和友好条約締結に向けた土台づくりを、人生の最後の仕事とするかのように、病床の中で進めていくことになるのです。

第四節 周恩来の強い意志を受け継ぐ

闘病中に出会った日本人

がんを患っていた周恩来は、一九七四年六月一日に入院。手術を重ねたため、しばらくは会見の機会を持ちませんでした。そして、手術を終えて最初に会った人物こそ創価学会の池田大作会長（当時）だったのです。

池田会長は国交回復から二年後の一九七四年五月二十九日に東京を出発し、翌三十日に当時イギリス領であった香港の羅湖《らこ》から歩いて国境を渡って深圳《しんせん》に入り、中国への第一歩を印《しる》しました。この中国初訪問の際、池田会長は北京で中日友好協会をはじめ、小・中学校、人民公社などを訪問し、時には生徒たちと卓球をするなど親しく対話をしながら友誼《ゆうぎ》の道を開いていきました。ただ、この第一次訪中では周恩来との会見は実現しませんでした。周恩来は池田会長が中国に到着した翌々日から入院していたのです。

二度目の訪中で実現した二人の会見

周恩来との会見が実現したのは、池田会長の二度目の中国訪問の時でした。一九七四年十二月二日、今度は香港を経由せず、直接飛行機で中国に入りました。十二月五日、池田会長は当時中国の副総理であった鄧小平《とうしょうへい》との会談に出席します。そこで鄧小平は、周恩来の容体について話をしました。その時のやりとりが小説『新・人間革命』第二十巻「信義の絆」の章にこう綴られています。

「『この半年ほど、ずっと入院しています。病状は、私たちが思った以上に悪かったのです。

この数年、周総理の仕事は増え続けて、疲れていました。私たちも、総理ができるだけ仕事をしないですむように対応しています。今は、特に重要なことだけを報告し、健康状態のよい時に指示を受けるようにしています。

周総理は山本会長とお会いしたいという強い思いをおもちのようです。しかし、どなたとも会見はしないようにと、皆が止めている状態です』

伸一（＝作中での池田会長の名前）は言った。

『わかりました。もし機会がございましたら、周総理にくれぐれもよろしくお伝えください。ご健康を心よりお祈り申し上げます(14)』」

その後、滞在最後の夜には、北京市内で池田会長による答礼宴が開かれました。答礼宴の場で、中日友好協会の廖承志《りょうしょうし》会長のもとに電話が入り、その内容が池田会長に伝えられました。その内容とは、池田会長のことを周恩来が待っているというものでした。しかし、鄧小平から周恩来の病状を聞いていた池田会長は、「いや、いけません」「お体にさわります。お心だけ、ありがたく頂戴します」と丁重に会見を辞退しました。すると廖承志は困惑の表情を浮かべ、周総理の意向に背くことはできないといいます。そこで池田会長は、「それでは、二、三分だけ。ひと目お会いしたら、失礼をさせてください」と述べ、会見が決まったのです(15)。

周恩来が池田会長との会見を強く希望したのには、悲願ともいえる日中国交正常化が実現し、真の日中友好の未来への道のりが始まったタイミングで、その未来を確かなものにするために池田会長との会見に臨み、政治の次元を超えたところで、「日中友好のバトン」を池田会長に託したかったのではないでしょうか。

日中平和友好条約締結に奔走した池田会長

周恩来が病床にありながら、なぜこれだけ多くの日本人に会ったのか――その理由として主に次の五点が挙げられます。一つには、中国の核保有は日本に脅威を与えるものではなく、自衛のためであることを伝えるためでした。周恩来は日本が唯一の被爆国であることをよく理解していたため、そのことを示したのです。

二つ目は、日本が軍国主義を復活させないよう、そのことを会って伝えるためです。三つ目は、中国は一つであることを伝え、その上でさまざまな外交課題については、大局と小局の分け方があることの理解を求めるためでした。四つ目は、今まで以上に日中両国の平等互恵の経済発展に力を入れていくことを伝えるためです。そして、五つ目は、周恩来の日中関係に貢献してきた人への報恩の思いからであったといえます。

これらの理由から周恩来は、多くの日本人と会い、日中友好を盤石なものにするために尽力していったのです。その視線の先にあったものが日中平和友好条約の締結です。

公明党の第二次訪中（一九七二年五月七日～二十三日）の時に、会見の中で日中平和友好条約の話が出ました。この時のエピソードがあります。当時、日本は台湾との平和条約を結んでいたため、日中間の平和条約について話が出ると、公明党訪中団は少し困惑したそうです。それに対して周恩来は笑みをたたえながら、「この条約は戦争を終結するだけではなく、主に子々孫々、世々代々の友好のための条約です。だから条約は平和友好条約という名前にしたらどうか」と語り、その提案に公明党も賛成したといいます。(16)

また、そこでは周恩来から平和友好条約をどのように進めていけばよいかとの道筋も示されました。それは共同声明を第一歩とし、その実現を経て第二歩として平和友好条約を結ぶ――つまり「国交回復から平和確保へ」というように段階的に進めていくというものでした。加えて、平和友好条約の内容についても、共同声明で示された平和共存の原則に基づいた内容にしていくべきということもこの時に示されています。

ところが、当時、日本の政界ではロッキード事件につながる田中角栄の金脈問題などが生じ、田中内閣が退陣、次いで発足した三木武夫内閣は平和友好条約に乗り気ではなく、条約締結に向けた交渉は中断してしまっていたのです。一方、周恩来自身も病気で入院中であったことから、平和友好条約の具体的な話し合いは進展していませんでした。

そのような状況を打開する原動力になったのが、池田会長と周恩来の会見でした。周恩来は、「私は、未来のために中日平和友好条約の早期締結を希望します」と語り、池田会長は「総理のご意思は、必ず、しかるべきところにお伝えします」と語りました[17]。

池田会長は周恩来との会見の後、すぐに米国に渡り、キッシンジャー国務長官と会談した際に、日中平和友好条約の締結について見解を尋ね、賛意を引き出しました。このように池田会長は、周恩来から託された平和のバトンを握りしめ、日中平和友好条約の締結を後押しする具体的な行動を起こしていったのです。

日中平和友好条約は一九七八年八月十二日に締結されました。この時、周恩来はすでに逝去していたため、その実現を目にすることは叶《かな》いませんでしたが、池田会長へと託された平和のバトンには、周恩来の遺志が込められていたことは確かであると思います。

第五節　周恩来の日本への特別な感情

戦後初の日本人代表団との会見

周恩来は、新中国の総理を二十六年間務めました。最初の三年ほどは外交部長を兼務しましたが、一九五八年以降は総理として二十三年にわたり外交を担っていきます。そして、日中両国の国交回復が実現した後も平和友好条約の締結について熟慮を重ね、自身の命が尽きる最期まで日中関係に思いを馳《は》せていきます。

日本と中国には非常に長い交流の歴史がありますが、二十世紀は戦争によって関係が悪化していました。そのような中、周恩来は、①民間②半官半民③官（政府）の三つのステップによる外交戦略によって両国の関係改善を図り、着実に両国国民の理解を深めていこうと考えたのです。

こうした周恩来の外交思想は、彼の日本観から生まれたといえます。一九五三年九月、周恩来は戦後初めて日本人代表団との会見を行いました。その時に会ったのは、平和擁護日本委員会会長で参議院議員の大山郁夫《おおやまいくお》です。周恩来は次のように語りました。「日本軍国主義の対外侵略の罪行は、中国人民や極東の各国人民に巨大な損害をもたらしただけでなく、さらに日本の人民にも空前の災難を被らせました。日本の平和を愛する人々は、この歴史的教訓を心に刻み、日本が再び軍国主義化して、再び対外侵略をすることがないようにすべきであります。そうしてこそ日本が、過去と現在に被った災難よりもっと深刻な災難を再び被ることを免れることができると信じています。中国は日本と正常な関係を回復したいと願っています。しかし、日本政府は依然として、中華人民共和国と中国人民を敵視する政策を引き続き実施し、蔣介石《しょうかいせき》集団とのいわゆる『外交関係』を引き続き保持しています。そのような（反中親台の）日本政府の外交姿勢は太平洋における不安定要因となっており、それは、日本と新中国が講和条約を締結し正常な外交関係を樹立することへの妨《さまた》げとなっています(18)」

さらにこうも述べています。「中日両国間の貿易関係は、平等互恵の基礎の上で築かれてこそ、広々とした未来があるのです[19]」

日本の政治家と初めて会った時、周恩来は両国人民の利益から出発して、平和と安定の構築を見据えていることを語ったのです。この言葉に大山は感動を覚えたといいます。

日本人の行動と国の情勢への関心

以降、周恩来は多くの日本人の友人と会っていきます。一九五六年五月十日、中南海で日本の友人と会った時、周恩来はこう語っています。

「民主革命初期、私たち多くの中国人は日本に学びに行き、日本で大きな経験を積みました。郭沫若《かくまつじゃく》は日本で教育を受け、廖承志先生も小さい時から日本で過ごし、趙安博《ちょうあんぱく》先生も日本で勉強しました。孫中山《そんちゅうざん》先生も日本に行ったことがあります。また、康有為《こうゆうい》、梁啓超《りょうけいちょう》も日本に住んだことがあります。ですから、改良派と革命派は皆日本に行ったことがあるのです。中国共産党成立初期にも多くの中国人が日本に行きました。たとえば、李大釗《りたいしょう》や陳望道《ちんぼうどう》も行き、彼らが翻訳した『共産党宣言』は日本語訳から訳されたものです[20]」

このように中国は、日本のおかげで知識・経験を積むことができたことを、周恩来は日本人の友人に折々に語っていったのです。

一九七一年一月二十九日、周恩来は日本卓球協会会長としてピンポン外交にも尽力した後藤鉀二《ごとうこうじ》と会うと、日本で勉強した時の状況について詳しく話しました。

「私が日本に行って間もない頃に『十月革命（ロシアにおける最初の社会主義革命）』が発生し、中国に帰って間もない一九一九年五月四日には『五・四運動[21]』が勃発しました。この期間、私は日本にいたのです。『十月革命』のことを紹介する新聞記事を読むと、そこでは中国共産党のことを過激といい、紅軍のことは赤軍と表現されていました[22]」

「私は日本を離れる時、神戸から乗船しました。ちょうど桜の花が満開の時には京都に一カ月住みました。トンネルを通って琵琶湖《びわこ》にも行きました。琵琶湖はとても美しかった[23]」

さらに周恩来は日記の中で、日本での勉強と生活、その時の心情を綴っています。

一九一八年二月四日の日記には、「日本に来てから、なにごとも学を求める眼光で、日本人の一挙一動、あらゆる行為をみることができるので、われわれ留学してきた者は注意すべきだと思う。毎日、新聞を読むときには、かならず一時間余り費やすべきだ。時間は貴ぶべきだというけれども、かれらの国情をかならず知るべきだ[24]」とあります。

この周恩来の言葉からもわかるように、彼は日本人の行動と国の情勢に非常に高い関心を持ち、積極的に視線を向けて学びながら行動していったのです。そして、このことによって周恩来は、日本の国と国民に対する認識を深めていきます。

京都で読んだ「雨中嵐山」の詩

周恩来は、日本で学ぶ上で次の三つのことを大事にしていたといいます。

一九一八年二月十一日の日記に、「考えるには現在よりも新しい思想を考えなければならない」「行うには現在の最新のことを行わなければならない」「学ぶには現在の最新の学問を学ばなければならない」とあり、周恩来は三宝として大事にしました[25]。同月の別の日記には、「決して今までの古いものをもって新しいものと対抗しない。また、今までの古い観念を持ち続けることは惜しまない[26]」とも書かれています。

周恩来が日本に来た時は、まさに軍国主義が盛んな時でした。その中で周恩来は、はじめは日本の軍国主義を見習って中国を救うことを考えていましたが、実際に観察してみると、軍国主義では国を救うことはできないと感じるようになっていきました。強権で公理と衝突する軍国主義のもとでは、強者と弱者がはっきりと区別されてしまいます。それでは国の中を平等にすることはできません。周恩来は、日本に来て軍国主義を観察した上で、これは間違っていると悟ったのです。

そのようなことを感じるようになった周恩来は、中国の革命運動に身を投じることを決意したのです。その心境を一つの詩で表現しています。それは、一九一九年四月五日、京都大学に学んでいた頃に京都の嵐山に立ち寄って詠んだ「雨中嵐山」という詩です。

　雨の中二度嵐山に遊ぶ
　両岸の青き松に幾株かの桜がまじる

その尽きるところに一つの山が高くそびえて見える
流れ出る泉は緑色に映えて石を巡って人を照らす
雨が静かに降り霧が深く立ち籠めている
日の光が雲間からさしていよいよ美しく見える
世の中の諸々の真理は求めるほどにぼんやりとして
ぼんやりとした中に偶然一点の光明を見出せば真にいよいよ美しい

周恩来は三宝の精神に立ち、日本で新たな経験を積みながら、その後の中国建設を見据えていました。日本での経験は、周恩来のその後の人生に大きな影響を与えています。周恩来は日本での一年半の留学経験を通して、「自分は成功した学生ではない」と述べています。[27] 実際のところ、一九一八年三月と同年七月に行われた二回の日本語の試験の成績は芳《かんば》しくなく、進学のレベルには達しませんでした。そのこと自体はマイナスの出来事だったかもしれません。しかし、日本をよく観察し、新しいものを求めた経験が、政治家としての人生を歩むことに影響を与えたことを考えると、周恩来が勉強では習得できない日本の本質を学べたことは、幸せなことだったのではないかと思います。もし勉強に集中して進学をしていたならば、政治家としての道を歩んではいなかったかもしれません。そうなれば、戦後の日中関係は大きく異なっていたことでしょう。

それほどに周恩来にとって日本での経験は大きな財産であり、だからこそ日中国交正常化に向けて多大な情熱を注いでいったのです。

第六節

日中関係を捉えた周恩来の視点

日中両国は「同文同種」の関係

一九五四年十月十一日、周恩来が日本国会議員訪中団、日本学術文化訪中団と会見した際、日本の代表団から次の言葉が出ました。[28] それは「同文同種」という言葉です。この言葉は、同じ「文字」を使っていて、「人種」も同じであることを意味します。

周恩来はこの言葉を受けて、「同文同種という言葉が出ましたが、私たちはそのことを友好の基礎とすることで日中関係の改善は可能になると思います」と述べた上で、同文同種について次のように解釈していることを伝えました。

まず「同文」については、中日両国は同じ漢字を使い、文法の違いや日本の音読・訓読といった読み方の違いはあるものの主体はやはり漢字であり、その文字によって書かれた中国の古典もまた日本に多く伝わり、日本民族の重要な思想の源になっていると考えていたこと。また、「同種」についても周恩来は、日本と中国は同じ黄色人種上、密接な関係があると考えていたこと――。

また、一九六五年十一月十六日、周恩来は中日両国はお互いに親戚が多い国であると述べています。この時、周恩来は戦後の処理において、中国に在留していた約四万人の日本人を日本に帰国させたことに触れ、「戦後、我々は四万人の日本人を帰国させましたが、私たちはこれらの国民のことを親戚のように思っています。それは、多くの日本人女性が中国の男性と結婚し、日中両国が実際に親戚の多い国になっているからです」と発言しました。(29)

別の折には、当時の残留日本人が中国の水力発電技術や中国空軍の構築に尽力したことに触れ、「戦争の本来の結果は人を対立させます。けれどもその中にあって、相互的に接触し、相互的に理解を深めることもありました。ご存じのように、五千人ほどの日本人女性は中国人と結婚しました。これは歴史の中では稀《まれ》です。両国はすでに親戚関係になっているのです」とも述べています。(30)

こうした言葉も、周恩来自身、中国と日本が「同種」であるとの考えを有していたことを示しているのです。

平和共存という「大同」を目指す

周恩来は過去を振り返る中で、日中戦争後、中国に残った日本人が中国人民解放軍に加わり、新中国の建国に貢献してくれたことに対して感謝の意を示しています。そのことが周恩来の『周恩来外交文選』の中に綴られています。

「一九四五年八月十五日以降、日本軍は武器を捨て中国人と友好の手を結び、中国人もまた日本人を敵ではなく親友と思うようになりました。そしてある人は医者に、ある人は工場の技師に、そしてある人は教員となって真面目に仕事していく中で、お互いに信頼関係をつくっていきました。負傷した中国人は日本人の医師に手術をしてもらい、日本人の女性看護師に看病してもらった人もいます。私はこれらの日本人に感謝しています」(31)

こうした出来事を通して両国人民の間に信頼関係が構築され、友情が芽生えていったことを周恩来は胸に刻んでいたのです。

一九五四年十月十一日、日本代表団との会見の席上、次のような質問がありました。それは、「もし今後、中国が大国になったら日本を侵略することがあるか」との質問でした。この質問に対し周恩来は、「私は皆さんに保証します。私たちは世界の平和のために努力しています。ですから他国を侵略し、他国を排除したりすることはしません。私たちは平和共存、平等互利、相互共有を実現しながら国家間の正常な往来を果たしていきます。中日両国も文化交流、経済交流を通じて平和共存していかなければなりません」と答えています[32]。

このことは、中国が強国となった時でさえも日本と平和共存していくとの将来への道筋を示す言葉でもあり、現在の日中関係にも通じるものでもあると思います。

周恩来のこのような平和共存の考えの基礎は、周恩来が学生時代に書いた文章の中に表れています[33]。そこには〝诚能动物〟〝不诚无物〟と書かれ、これは「誠実は物を動かし、不誠実は動かさない」との意味を表します。周恩来はまさに、誠実さをもって信頼関係を構築していくことを外交関係、特に日本との関係において徹底していったのです。

一九五七年二月二十日、日本代表団との会見で周恩来は、「私たちは、各国の政治家が中国への往来を促進し、理解を深めていくことを主張します。特に中日両国は平和友好を求め、共存共栄の往来が必要です。私たちは、このことを誠実をもって有言実行していきます[34]」と述べています。この発言は、国交正常化にあたり訪中していた田中首相に対しても伝えられました。周恩来はこの時、「言必行、行必果」と書いたものを渡し、その意を伝えています。〝言ったからには約束は守り、行う以上はやり遂げる〟――そこには日中友好に向けた周恩来の誠実さと信頼が込められていたのです。

周恩来には国家観における一つの原則がありました。それは中国のことわざにある「礼尚往来」（礼は往来を尊ぶ）です。意味としては、相手が訪問すればこちらも相手を訪問する、つまり相手がこちらを厚遇すれば、こちらも相手に同じ待遇をするというものです。

さらに、そこから相手に対して、次の四段階で接する考えがあります。①相手が仕掛けてきたら、まず待つ②絶対に先に手を出さない③相手が悪いことをして中国の立場がなくなった場合、攻撃の準備をする④準備はするがすぐに反撃はしない。

つまり、国家間で何か障害が生じた場合、まずは友好を念頭に置き、それを最優先にしながら、対抗することはその後にするというのが周恩来の考えでした。周恩来は、このことを松村謙三にもよく語っていたといいます。

また、一方で周恩来は日本の自衛について、高碕達之助《たかさきたつのすけ》に次のように語ったといいます。日本の軍国主義はアジア、世界に不安を与えるもので警戒しなければいけないとした上で、「日本は先輩国であり、戦後すでに十五年が経《た》ちました。独立した日本は自衛の力を持たなければいけません。これは私たちがずっと主張しているものです」と。(35)

このように自衛の力と軍国主義の復活は全く違うものであり、これは一緒にすべきではないということも周恩来は明確に伝えています。

周恩来が志向したことは、日中関係においてさまざまな意見の違いはあったとしても、平和共存という大きな目的に向けて友好関係を結んでいくことでした。それは、周恩来が高碕達之助や松村謙三に何度となく語った「大同小異」との言葉に表れています。

日中両国の万代にわたる平和共存の姿こそ、周恩来が見つめ続けた「大同」であったのです。

第七節

周恩来の日本留学の目的

私費留学で日本に来た周恩来

周恩来は一九一七年九月に日本に留学のため来日し、一九一九年五月に帰国しました。日本に来る時も中国に帰国する時も船を使っています。当時、中国から外国への留学には多額の費用がかかりましたが、比較的安い旅費で留学できる国が隣国の日本であったのです。船で神戸に着いた周恩来は、そこから東京へと向かいます。

もともと教養のある家庭に生まれた周恩来でしたが、父の代に家庭が没落した後、養子に出され、そこで非常に貧しい生活を送りました。その中で勉学に励みながら天津《てんしん》にある南開中学校に進学し、留学する周囲の生徒たちの影響もあって、自身も留学を決意します。

当時の日本の文部省は、清朝時代からの留学生に関する取り決めを、継続して中国の北洋政府[36]にも適用しました。それは、日本の文部省直轄の五つの指定された学校に留学生を受け入れるというものです。これにより第一高等学校、東京高等師範学校、東京高等工業学校、東京高等商業学校、山口高等商業学校の五つの学校で、中国からの官費留学生の定員枠が設けられたのです。

当時、周恩来もこの指定学校への官費留学を目指していましたが、まずは私費で日本に来て東京に下宿し、日本語を習得するために東亜高等予備学校（日華同人共立東亜高等予備学校）で学んでいました。その後、第一高等学校と東京高等師範学校を受験するのですが、日本語の習得不足により受験に失敗します。

この時の心境を周恩来は日記にこう綴っています。

「日本にやって来たのに日本語をうまく話せず、どうして大いに恥じずにいられよう！これを自暴自棄というのだ。いかなる国を救うのか！　いかなる家を愛するのか！官立学校に合格できない、この恥は生涯拭い去ることができない！[37]」

受験に失敗した周恩来は、東亜高等予備学校のほかに、東京神田区高等予備校（法政大学附属学校）、明治大学政治経済科（現政治経済学部）にも通学しました。そこで勉学に励んでいく傍ら、日比谷公園や三越呉服店、浅草など、東京の各地を積極的に見学しながら、日本社会や日本人をよく観察していきました。このことが、後の知日派としての周恩来の基礎になっていると思います。

学問の苦闘と母国への思い

日本への私費留学にあたり、経済的に厳しい状況にあった周恩来を支えたのは、南開中学校時代の友人・呉氏でした。周恩来よりも先に官費留学生として日本に来ていた呉氏は、周恩来を扶助しようと他の友人にも声をかけ、援助金を募り、周恩来の毎月の生活費を援助していったのです。

また、呉氏はすでに結婚していて東京の一等地に家を借りていましたが、周恩来は呉氏の家で家事の手伝いなどをしながら居候をしていました。

しかし、そうした中で周恩来は呉氏と徐々に距離を置くようになっていきます。それは、一つには家賃を払っていない自らの立場から、そこでの居づらさを感じるようになっていったことがあるでしょう。

そして、それとともに周恩来は、呉氏との間で意見の相違も感じるようになっていきます。「強い政府をつくり新しい中国を築いていく」との考えを持っていた呉氏に対し、周恩来は「まずは民衆を啓発していく」ことが重要だとの考えに立ち、「民から出発して国をつくる」との考えを持っていました。このように、日本での留学時代に周恩来は、友人との間で官費留学と私費留学の立場の違いや、国家観の違いといったものも感じていくようになったのです。その後、周恩来は友人と距離を置くとともに東京を離れて京都へと向かいます。

考えてみれば、十九歳で「求学報国」との壮大な理想を抱いて船に乗った周恩来を待っていたのは、困難な学問探究の道のりでした。官費留学ができず、私費留学で日本に来た周恩来は、常にお金の心配がつきまとい、引っ越しを繰り返しながらの生活を送っていました。そうした生活の苦境に加えて周恩来を悩ませたのは、混乱する母国のために自分には何ができるのか、との苛立《いらだ》ちにも似た思いです。当時の中国は、政治的混乱の状況にあり、そこに追い打ちをかけるように帝国主義列強の侵食が進んでいたのです。そうした中で周恩来は、平穏に学ぶことができなかったのです。

当時の心境を周恩来は、一九一八年一月二十三日の日記で次のように記しています。

「今朝、『朝日新聞』に載っている日本の昨日の国会の事情、各党派の質問の様子、寺内内閣の各大臣の演説を見て、大きな感慨を催した。わが国は現在まだ国会がなく、臨時参議院は問題にならないので、結局、絶対に解散すべきである。将来の政局は、新国会であれ、旧国会であれ、いずれにせよ能なしである。人民の水準、常識がこんな調子で、どうして優秀な国会などもつことができよう。仕官する者で、真に国のためを思っている者が何人いるだろう。考えれば、実に恐ろしいことだ。

夜、また梁任公の文集を見て、『十年以後当に我が思うべし、国を挙げて狂うが如く誰を語らんと欲するか。世界は窮まり無く願いは尽きず、海天寥廓《りょうかく》として立つこと多き時』という詩句を読み、涙があふれそうになった。不意にまた任公がこの詩を作った時に思いをはせると、二十七、八歳にすぎなかったのに、私はいまやすでに年だけは十九歳になっているが、なにもなし遂げたことがなく、学はまだ求めても門さえ到達して

おらず、まさに先人に愧《は》じるところがある」(38)

日本で受けた思想の影響——そして革命の道へ

こうした思いを抱いていた周恩来ですが、日本の官立学校の受験には失敗したものの、日本で思想面での多大な影響を受け、後に革命に身を投じる契機をつくっていきます。

周恩来が留学する以前から、東京の神楽坂周辺は、孫文《そんぶん》など亡命革命家や後に革命に身を投じた黄興《こうこう》など清国からの留学生が多く住んでいました。そこでは中国革命同盟会が機関紙『民報』を発行していたことから、周恩来もそこで『民報』をよく読んでいたといいます。そして革命への思いを強くしていったのです。

河上肇
Ⓒ共同

このように周恩来が神田周辺や神楽坂で学んでいたことを示す石碑が、千代田区日中友好協会によって神田の愛全《あいぜん》公園内に建立されており、そこには「周恩来ここに学ぶ―東亜高等予備学校跡―」と記されています。

周恩来にとって京都の地で過ごしたおよそ八カ月は、特に重要な時期となりました。ちょうどこの頃の中国は、五・四運動が起こる前の愛国、進歩の精神が広がる状況でもあり、その中で周恩来は日本にいながら先進的思想に接触したのです。

周恩来は日本留学中、雑誌『新青年(39)』を読み始めるようになり、新文化運動と文学革命理論へ傾倒していくようになりました。留学初期には、毎日のように中華青年会館や東亜高等予備学校に通って中国の新聞や雑誌を読んでいました。

そうした中で周恩来が思想面で大きな影響を受けた人物の一人が、京都大学経済学部教授でマルクス主義の紹介と普及に大きな役割を果たしていた河上肇《かわかみはじめ》でした。河上の講義は中国人留学生にもとても人気があり、中国共産党を創設したメンバーの一人である周仏海《しゅうふつかい》なども河上の講義を受けていたといいます。周恩来も河上の講義を、京都に来る前に東京から受けに来ていたのです。その後も、河上の『貧乏物語』や幸徳秋水《こうとくしゅうすい》の『社会主義神髄』など、日本の早期マルクス主義を宣伝する著作を読むようになりました。また、河上による月二回刊行の雑誌『社会問題研究』も熱心に研鑽《けんさん》し、それらを通して新しい共産主義の思想体系に触れて、非常に感動したといいます。こうして周恩来は、日本で受けた思想面での影響が起点となって、共産主義の思想へ傾倒していくこととなったのです。

愛国留学生の団体「新中学会」に参加していた周恩来は、こうした思想面での影響もあり、帰国して革命の道に身を投じるとの思いが次第に芽生えていきました。一九一九年、「ベルサイユ条約[40]」が調印されたことを機に、日本での学業を終えて祖国に戻ることを決心し、帰国後、すぐさま五・四運動に身を投じて革命の道を歩み始めました。

第八節

日本で刻んだ周恩来の足跡

暗闇の中で見つけた光明

一九一九年三月、二十一歳の周恩来は、母校である南開中学が大学部を創設するとの情報を得て帰国することを決意します。そして東京を離れ、京都で帰国の準備を進めましたが、そこで過ごした時間は周恩来の心をつかんで離しませんでした。

周恩来は、京都大学経済学部でマルクス主義の紹介と普及に大きな役割を果たしていた河上肇教授の講義を受け、河上の著作などを通してマルクス主義に触れ、そこから共産主義の思想へと傾倒していくのです。周恩来はこうして新しい思想と出合ったことを詩に認《したた》めました。それが本章第五節で紹介した「雨中嵐山」という詩です。この詩は、当時としてはきわめて斬新な新体詩（口語詩）で記述されています。このことは、周恩

1979年5月、周恩来の詩碑「雨中嵐山」と対面する廖承志（中央左、京都・嵐山の亀山公園）Ⓒ共同

来が当時の文学革命運動[41]を先端的に実践しようとしていたことを象徴しているようにも感じます。

その詩の最後の二句にはこうあります。

模糊中偶然見着一點光明
眞愈覺嬌妍

この二句には「ぼんやりとした中に偶然一点の光明を見出《みいだ》せば真にいよいよ美しい」との意味があります。つまり周恩来がマルクス・レーニン主義という新しい思想と出合い、暗い世界の中で一点の〝希望〟を見つけたということを指しています。

なお、周恩来によるこの漢詩は、京都嵐山の亀山公園にある「雨中嵐山」の碑に残されています。この碑は、京都の日中友好関係団体により日中平和友好条約の締結を記念して建立されたもので、その文字は廖承志中日友好協会会長（当時）が揮毫《きごう》しています。一九七九年四月十六日に行われた同碑の除幕式には、来日中であった周恩来夫人の鄧穎《とうえい》超《ちょう》（当時、全国人民代表大会常務委員会副委員長）が出席し、以降、訪日した多くの中国要人がこの碑のもとを訪れています。

中野の地にも周恩来の足跡

周恩来は、留学のための東京滞在中、日本の実業家で南満州鉄道理事としてオイルシエール事業に取り組んだ赤羽克己《あかばねかつみ》の中野にある書生部屋に一時期下宿していた時期があります。その地域は華洲園《かしゅうえん》と呼ばれ、都心の喧騒《けんそう》からは距離があり、何軒かの家があるだけの、周囲を花と緑に囲まれた閑静な住宅地域でした。

周恩来は一九七二年の日中国交正常化の調印式の際、日本の記者に対して、「中野もだいぶ変わったでしょうね。若い頃、柏木（現在の東中野駅付近）に下宿したことがあるんです。川が流れていて」と語ったといいます[42]。

実はこの地域は、現在の創価学会中野文化会館の近くにあたり、中野文化会館内には周恩来の在日留学をとどめる記念展示が常設されています。歴史を知った創価学会青年部は史料に基づいて、「周恩来総理の日本留学時の住まい――東京中野華洲園模型」を作成し、周恩来が中野で過ごした生活の足跡を再現しました。この模型は、一九九三年に創価学会の代表が天津市を訪れた際に、同市内にある「周恩来記念館」に寄贈されましたが、3Dプリンター技術によって再現されたレプリカが中野文化会館内に展示されています。

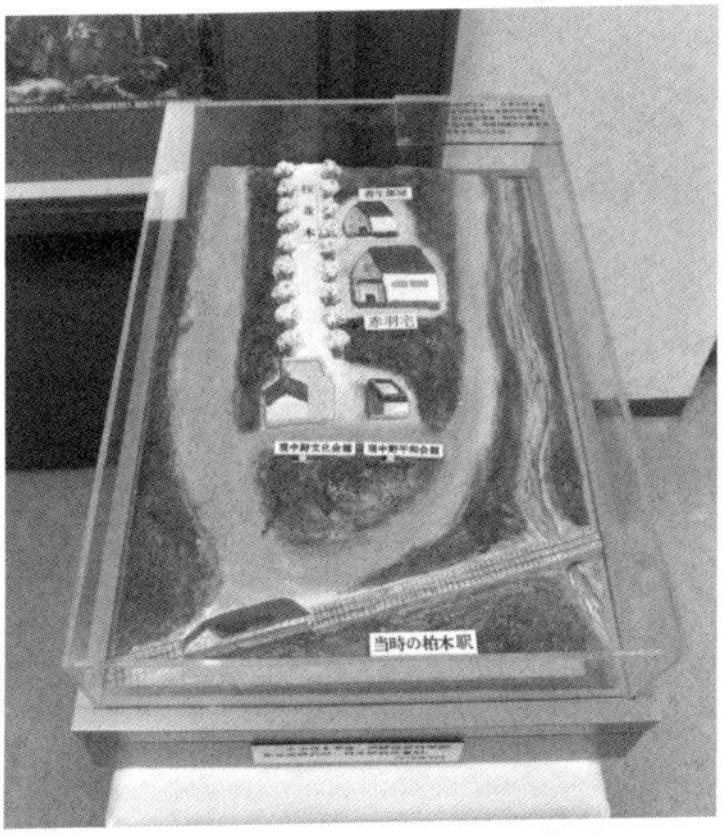

周総理が留学時代に過ごした住まいの模型レプリカ ©勝山洋一

日本人戦犯への人道的配慮

周恩来は日本で受験の失敗を経験しましたが、新たな思想と出合うとともに、日本の各地で過ごす中で多くの日本人との交流を持ちました。その数多い人脈が起点となり、後に日中国交正常化に向けた民間外交や以民促官の発想へとつながっていったのです。日本への思いは、日本人戦犯に対する特別な配慮があったことにも表れています。

第二次世界大戦終了後、日本が受諾したポツダム宣言では、「戦勝国は自国の捕虜を虐待した戦争犯罪人に対し、自国で厳重な処罰を加えてもよい」とされていました。しかし、周恩来は、「民族間の恨み、階級間の憎しみ、それを忘れてはいけない。しかし、それでも私たちは彼らを『改造』し良くしなくてはいけない。彼らを生まれ変わらせ、我々の友にしよう。日本戦犯を『鬼』から『人』に変えられるかどうか、これこそ中国文化の知恵と力量に対する試練なのである[43]」と述べ、民族的な風俗習慣を尊重しながら、日本人捕虜に対する教育にあたりました。

こうした周恩来の対応に対して、周囲からは反発の声もあがったそうですが、それでも周恩来は彼らを説得し、捕虜に対する人道的な配慮を示し続けたのです。

たとえば、食事は毎日必ず三食用意し、過酷な労働はさせず、病気にかかった戦犯にはすぐに治療と細心の看病が受けられるようにしました。また、「合唱隊」や「ブラスバンド」を結成して、演奏会を催すといった文化活動や娯楽道具も用意されました。さらに周恩来は、「服役期間中に態度が良好だった戦犯に関しては、早期釈放をしてもよい。年配者や体が弱い者あるいは病人も釈放を考慮し、家族の訪中や見舞いなどを許可する(44)」と述べ、家族とのつながりを持つことも支持しました。

また、周恩来は復讐《ふくしゅう》や制裁では憎しみの連鎖は切れないとの考えから、起訴された人に対し、死刑も無期懲役も行わない対応をとりました。この寛大な対応に対して収容所スタッフからは不満が出ましたが、「今はわからないかもしれないが二十年後、三十年後にわかる(45)」と強く説得したといいます。

こうして服役を終えた人はその後、日中両国の民間外交に役立っていきました。ここにも周恩来の民間交流を重視する視点が、非常によく表れていると思います。

第九節

多くの人の心に生きている周恩来

海外からの評価

周恩来の外交手腕はさまざまな人から評価されました。その理由は、周恩来が実務能力に優れ、膨大な外交の問題に自分一人で対応できるほどの能力を有していたからです。周恩来の能力を特に評価したのが、米国外交の巨匠ヘンリー・キッシンジャー（当時、大統領補佐官）でした。一九七一年十月、キッシンジャーは中国を極秘に訪問し、周恩来と会談を行いました。その時の印象をキッシンジャーは、「今までに会った中で最も深い感銘を受けた人物」として称《たた》え、「上品で、とてつもなく忍耐強く、並々ならぬ知性をそなえた繊細な人物」と評価しています(46)。

ほかにも「外交畑で今まで私が出会った人物の中で最も優れた頭脳の持ち主」（国連

事務総長のダグ・ハマーショルド)、「私よりよっぽど王族らしい人物」(カンボジア国王のノロドム・シアヌーク)、「彼は中国古来の徳として優雅さ礼儀正しさ謙虚さを体現していた」(周恩来の評伝を書いたジャーナリストのディック・ウィルソン)など、外国のリーダーや知識人などから高い評価を集めています。

中国における周恩来評価

今も外交の場に登場するキッシンジャー氏
©DPA＝共同

副首相(当時)の鄧小平は、周恩来が文化大革命の時期に毛沢東に協力したことについて複雑な気持ちを抱いていましたが、その後、周恩来没後に次のように評価しています。

「彼は同志と人民から尊敬された人物である。文化大革命の時、われわれは下放《かほう》を受けたが、幸いにも彼は地位を保った。文化大革命のなかで彼のいた立場は非常に困難なものであり、いくつも心とは違うことを語り、心とは違うことをいくつもやった。しかし人民は彼を許している。彼はそうしなければ、そう言わなければ、彼自身の地位を保って、中和作用をはたし、損失を減らすことができなかったからだ[47]」

この鄧小平の評価に、中国人が抱く周恩来の魅力が表れています。それは、毛沢東の忠実な補佐として、自らの身も心も捧《ささ》げながら、あえて人民のために〝汚れ役〟を買って出ていたことです。そこには、謙虚さや優しさ、そして欲のない人柄がよく表れています。

こんなエピソードがあります。周恩来には養女が一人いました。この養女に毛沢東が好意を抱いたことから、毛沢東の妻・江青《こうせい》は嫉妬し、養女を逮捕しようとしました。この時、周恩来は江青に逆らわず、養女の逮捕状に署名をしました。壮絶な権力闘争の中にあって、周恩来は人民を守るために忍辱《にんにく》の鎧《よろい》をまとい、忠誠を尽くしていったのです。

毛沢東が「建国の父」と中国国内でいわれるのに対し、周恩来は「建国の母」といわれています。それはまさに、我が身を顧みず、リーダーに尽くしながら、建国に献身する姿を言い表しているのだと思います。

こうした中国政府内の評価だけでなく、周恩来は中国人民にも深く愛されていました。逝去の際には、多くの中国人民が茫然自失し、涙を流しました。そして、世界の多くのメディアも、「周恩来は近代中国の歴史を創造した人」(『インターナショナル・ヘラルド・トリビューン』)、「生涯にわたって公明正大、公正無私、おこないは衆に抜きんでるも人のねたみを買わず、功績は天下に轟《とどろ》くもうぬぼれることなし」(香港『明報』)と報じたのです。

桜とともに刻まれた日本との深い縁

多くの日本人と交流した周恩来であったからこそ、日本人にも周恩来のファンは多くいます。書籍『日本人の中の周恩来』(里文出版)に寄稿した日本人が、七十人にも及ぶことがそのことをよく表していると思います。

そして、日本人だけでなく日本国内には多くの周恩来ゆかりの地があります。東京・神保町や中野、京都嵐山など、日本留学時に訪れた地はさまざまです。それだけでなく、周恩来の心が刻まれた場所があります。その一つが創価学会・池田会長の提案で創価大学に植樹された「周桜」です。

一九七九年から「周桜観桜会」が、日中友好に思いを馳《は》せながら毎年行われています。二〇一九年で「周桜観桜会」は四十回目を迎えました。この年の観桜会には、創価大学に第一期の国費留学生として在籍していた程永華《ていえいか》駐日大使（当時）が、離任を前に出席しています。大使は観桜会の後、「互いに交流を重ねることで理解が深まり、信頼が生まれ、友情が生まれます。日中両国の友好のため、金の橋を皆で力をあわせて支え、友好の絆をさらに深めてほしいと思います(48)」と語ったそうです。この言葉にあるとおり、周恩来が日本と結んだ友好の絆がここに刻まれています。

また、この「周桜」とともに日中友好を象徴しているのが「桜花縁《おうかのえにし》」という曲です。この曲は、池田会長が一九八七年四月五日に周恩来を偲《しの》んで、夫人の鄧穎超に贈った詩の一部に曲がつけられたものです。この歌は、周恩来の提唱で設立された舞踏団『東方歌舞団』が、日本公演（一九九一年、民主音楽協会の招聘）を行った際のテーマ曲となりました。

恩師・松本亀次郎との縁

多くの日本人との交流を持った周恩来ですが、そのうちの一人に、周恩来に日本語を教えた松本亀次郎《まつもとかめじろう》がいます。

静岡県掛川《かけがわ》市出身の松本亀次郎は、日本で小学校の校長などを務めた後、転職して、北京にある京師大学堂（現在の北京大学）に日本語教授として赴任しました。そこでの任期を終えた松本は、帰国後しばらくして中国人留学生教育への情熱を持って、私財を投じて「日華同人共立東亜高等予備学校」を東京・神田区中猿楽町に創立しました。そこでは、周恩来をはじめ多くの中国人留学生が学びました。

そのように中国人留学生の教育に生涯を尽くした松本は後年、「私にとって、中国人留学生の教育は、無上の至楽であり、終身の天職であった。功名や富貴は眼中になかった。貧乏ではあったが地道に仕事をして、今日に至るまで、体の老いにも気づかないくらいであった」と振り返り語っています。(49) このことからも、中国国内には松本に対して敬意を払う人が大勢います。そのことを象徴するかのように、天津市にある「周恩来鄧穎超記念館」から掛川市に対して、松本亀次郎と周恩来の等身大の蝋人形《ろうにんぎょう》が寄贈されました。二〇一九年三月にはその除幕式が行われ、現在は掛川市立大東図書館に常設されています。

日中友好と世界平和を希求した生涯

政治家・周恩来の歩んだ道のりを振り返ると、それは日中友好と世界の平和に尽力した生涯でした。

真理を求めて日本に留学し、清廉潔白《せいれんけっぱく》な人格を磨き上げました。帰国後、日本で得た社会主義、共産主義の思想を土台として、その後、ヨーロッパに渡り、中国建国の未来を世界と重ね合わせながら、将来を見据えていきました。

そして、政治家となってからは、日本で学んだ民間交流の大切さを自らの職務の中で実践していきました。それが「以民促官」の外交政策です。これを展開していく中で周恩来は、特に日本との関係改善に多大な情熱を注ぎました。そこから両国政府を動かしていき、やがて日中国交正常化の実現へと至ったのです。そして、国交正常化後も周恩来は病床にありながら、さらなる日中関係の前進に向けて、さまざまな条約の締結に力を尽くしていきました。

天津市から贈られた周恩来（左）と松本亀次郎の蝋人形
©勝山洋一

　ここまでの政治家人生の中で周恩来が見せた言動は、日本人、中国人をはじめ、世界の多くの人々の心の中に永遠に刻まれていくものと思います。だからこそ、七十七歳でその生涯を終えた周恩来を偲《しの》び、日本をはじめ世界各地で追悼式が行われたのだと思います。

　周恩来が抱き続けた平和を愛する心と万代にわたる日中友好への思い――それ

は日中両国の人々へと確実に引き継がれているものと私は思います。そのことを何よりも体現しているのが、同じく日中友好の金の橋を築いてきた池田会長であり、その心が脈打つ創価学会であると思います。

これからも、この日中友好の金の橋を共々に歩んでまいりましょう。

（1）**「佐藤首相は台湾を支持しており……」**
張暦暦『百年中日関係』（世界知識出版社）、三七三ページ

（2）**「日中国交は原則が大事である。原則を……」**
中国研究所『中国年鑑1992年版』（大修館書店）、五〇ページ

（3）**「日中関係は他の国とは違います。歴史上……」**
『周恩来外交活動大事記（1949～1975）』（世界知識出版社）、六二九ページ

（4）**「一衣帯水の中国と日本の両国の間に……」**
『聖教新聞』二〇一五年六月二十四日付

（5）**「一八九四年以来、半世紀にわたる……」**
『人民日報』一九七二年九月二十六日付「周恩来在歓迎日本首相田中角栄的宴会上的祝賀詞」

（6）**「過去数十年にわたって、わが国が……」**
同前

（7）**「田中首相が述べた『過去の不幸なことを……」**
早坂茂三『田中角栄秘聞』（中国語版、趙宝智訳、

中国文聯出版社）、一四九ページ

（8）三光政策

日中戦争における日本軍による残虐な掃討作戦に対する中国側の呼称

（9）「我々のところでも、日中国交正常化に……」

早坂茂三『田中角栄秘聞』（中国語版、趙宝智訳、中国文聯出版社）、一四九ページ

（10）「我々は感情で政策を決めてはならない」

関于接待田中首相訪華的内部宣伝提綱

（11）「それでも周恩来は……」

中共中央文献研究室編『周恩来年譜（1949―1975）』（中央文献出版社）

（12）COCOM

冷戦期に資本主義諸国を中心に構成された、共産主義諸国への軍事技術・戦略物資の輸出規制のための委員会

（13）最恵国待遇

通商条約などにおいて、対象となるある国に対し、関税などについて別の第三国および第三国の国民に与える待遇よりも劣らない待遇を現在および将来において約束すること

（14）「『この半年ほど、ずっと入院しています……」

池田大作『新・人間革命』（聖教新聞社）第二十巻、三三〇ページ

（15）「答礼宴の場で、中日友好協会の廖承志……」

『聖教新聞』二〇一六年十二月二日付

（16）「公明党の第二次訪中（一九七二年……」

『周恩来外交活動大事記（1949～1975）』（世界知識出版社）、五九四ページ

（17）「周恩来は、『私は、未来のために……」

『周恩来外交活動大事記（1949～1975）』（世界知識出版社）、六三一ページ

（18）「日本軍国主義の対外侵略の罪行は……」

『戦後中日関係文献集（1945～1970）』（中国社会科学出版社）、一五〇ページ

（19）「中日両国間の貿易関係は、平等互恵の……」

同前

（20）「民主革命初期、私たち多くの中国人は……」

『周恩来外交活動大事記（1949～1975）』（世界知識出版社）、一四六ページ

（21）五・四運動

一九一九年五月四日、北京大学の学生を中心に行われた反日街頭行動を起点に全国規模に拡大した日本帝国主義への反対運動

(22)「私が日本に行って間もない頃に……」
『党史文匯』(東方書店)二〇〇九年第二期
(23)「私は日本を離れる時、神戸から……」
同前
(24)「日本に来てから、なにごとも学を求める……」
周恩来『十九歳の東京日記』(矢吹晋編、鈴木博訳、小学館文庫)、九六ページ
(25)「考えるには現在よりも新しい思想を……」
同前、一〇八ページ
(26)「決して今までの古いものをもって……」
『周恩来旅日日記』(線装書局出版)、一九一八年二月十三日の条
(27)「自分は成功した学生ではない」
同前、一九一八年四月五日の条
(28)「一九五四年十月十一日、周恩来が……」
法政大学国際日本学研究所「第八回東アジア文化研究会、曹王旺「周恩来の中日関係感」参照
(29)「一九六五年十一月十六日、周恩来は……」
同前
(30)「別の折には、当時の残留日本人が中国の……」
同前
(31)「一九四五年八月十五日以降、日本軍は……」
『周恩来外交文選』(中央文献出版社)、二三六ページ
(32)「一九五四年十月十一日、日本代表団との……」
李徳安、王泰平『周恩来与日本朋友們』(中央文献出版社)、一七六ページ
(33)「周恩来のこのような平和共存の考えの……」
一九一六年、周恩来が十八歳の時に書いた『誠能動物論』
(34)「一九五七年二月二十日、日本代表団との……」
『周恩来外交文選』(中央文献出版社)、八七ページ
(35)「周恩来は日本の自衛について……」
中共中央文献研究室編『周恩来年譜(1949〜1976)』(中央文献出版社)中、三六一ページ
(36)北洋政府
一九一二年から一九二八年まで北京に存在した中華民国政府のこと。北京政府ともいう
(37)「日本にやって来たのに日本語を……」
周恩来『十九歳の東京日記』(矢吹晋編、鈴木博訳、小学館文庫)、二七五ページ
(38)「今朝、『朝日新聞』に載っている日本の……」
同前、六八ページ
(39)雑誌『新青年』

中国の新文化運動の中心的な役割を担い、一九一〇年代の中国の思想界をリードした雑誌

(40) **ベルサイユ条約**
一九一九年六月二十八日に第一次世界大戦に関して連合国とドイツの間で締結された講和条約の通称。フランスのベルサイユで調印されたことからこう呼ばれる

(41) **文学革命運動**
文語による旧文学に反対し、言文一致の国民文学を樹立しようとした運動

(42) **「中野もだいぶ変わったでしょうね。若い頃……」**
呉学文『灯台中日関係（１９４５―１９９４）』（時事出版社）、一九七ページ

(43) **「民族間の恨み、階級間の憎しみ……」**
張巾『日本戦犯改造』（遼寧人民出版社）、二八六ページ

(44) **「服役期間中に態度が良好だった戦犯に……」**
同前

(45) **「今はわからないかもしれないが二十年後……」**
同前

(46) **「その時の印象をキッシンジャーは……」**
人民網、中国共産党新聞網「外国政要眼中的外交家周恩来」（http://dangshi.people.com.cn/n1/2017/0825/c85037-29494274.html）、最終閲覧日：二〇二一年一月五日

(47) **「彼は同志と人民から尊敬された人物である……」**
鳳凰資訊HP「鄧小平評価周恩来」（http://news.ifeng.com/history/1/renwu/200803/0304_2665_424741_1.shtml）、最終閲覧日：二〇二一年二月二日

(48) **「互いに交流を重ねることで理解が深まり……」**
創価大学HP「程永華駐日中国大使を迎え、本学で『第四〇回周桜観桜会』を開催」（https://www.soka.ac.jp/news/2019/04/3838/）、最終閲覧日：二〇二一年一月五日

(49) **「私にとって、中国人留学生の教育は……」**
静岡県掛川市HP「松本亀次郎その1」（https://www.city.kakegawa.shizuoka.jp/gyosei/docs/8921.html）、最終閲覧日：二〇二一年一月五日

終わりに

世界平和への潮流をつくった「日中国交正常化提言」

◆中国への憧れ、そして反戦平和への思い

私は池田大作会長が発表された「日中国交正常化提言」に関して、二つの興味を抱きました。一つは、池田会長が宗教者の立場から、なぜ中国に興味を持ち、提言発表へと至ったのかということです。そして、二つ目の関心は提言によって世界の流れはどのように変わっていったのかということです。

はじめに、池田会長が中国に視線を注ぎ、国交正常化に向けた提言を発表された背景として、池田会長の少年期における戦争の悲惨さを感じた原体験があ

るのではないかと思います。その原体験から発する反戦平和への思いこそ、「日中国交正常化提言」の根底にあるものなのではないかと思うのです。

一九三七年、池田会長の長兄は、会長が九歳の時に徴兵されました。一九四一年に一度、除隊となって中国大陸から戻ってきた際に、「日本軍はひどすぎる。あれでは、中国の人たちがかわいそうだ」と憤怒したそうです。その後、再び徴兵されてビルマに向かった長兄。終戦から二年後、戦死との知らせが家族のもとへ届けられました。池田会長は後年、その知らせを聞いた時のことを振り返り、母が後ろを向いて泣いている背中が忘れられなかったと語っています。この原体験は、戦争が他人事ではなく、大切な家族へ被害をもたらすものであることを知った瞬間となり、ここから反戦平和への思いが強く形成されていったのではないかと思います。

一方で池田会長は、中国に関して、その長い歴史から生まれた中国文明に青年時代から興味を抱いていました。歴史を振り返れば、日本が鎖国していた時代にあっても中国との往来は途絶えたことはなく、その中で政治・哲学や仏教、儒教、道徳が日本に伝えられ、さらに遡《さかのぼ》れば漢字やさまざまな文化、稲作技術なども中国から日本へと伝えられています。特に、創価学会・戸田城聖第二代会長から個人授業を受ける中で、池田会長は、中国の漢詩や文学などを通じて中国の壮大な思想に触れました。そのことは若き青年の心に豊かな刺激をもたらしたことと思います。

そのような実体験からも池田会長は、折々に「日本にとって、絶対に忘れてはならぬ、文化大恩の『源』こそ、中国である」と語ってきました。また、その大恩ある国に対して、かつて軍国主義の日本が侵略したことについては、「不知恩」「傲慢《ごうまん》」な行為であったとも指摘しています。

一衣帯水《いちいたいすい》の隣国として、長い歴史の中で交流往来を続けてきた日中関係ですが、一九四五年から一九六八年までの二十三年間、国際政治の時流の中で友好関係が途絶えた状態が続いていました。その間、日中の関係回復に尽力した人たちはいましたが、それでも両国の関係が改善されない中で、日中国交正常化に情熱をもって行動していた松村謙三《まつむらけんぞう》や高碕達之助《たかさきたつのすけ》、有吉佐和子《ありよしさわこ》といった人物が池田会長に働きかけていったのです。そうしたことを通じて、池田会長は自らできることを模索していった末に、非常に厳しい状況の中でも、命を懸けて提言の発表へと踏み切ったのではないかと私は推察します。

そして、何よりも一人の日本人として、そして一人の仏法者として、アジアの人々の幸福と平和のために献身しようとの思いが、その根底にあったのではないかと私は思うのです。

◆平和への思いが実現させた国交正常化

過去の戦争で広島と長崎に原爆が使用され、類を見ない甚大な被害を日本は受けました。

戸田会長は一九五七年九月八日、横浜・三ツ沢の競技場で行われた約五万人の青年が集う「若人の祭典」（第四回創価学会青年部東日本体育大会）において、「核あるいは原子爆弾の実験禁止運動が、いま世界に起こっているが、私はその奥に隠されているところの爪をもぎ取りたいと思う」「われわれ世界の民衆は、生存の権利をもっております。その権利をおびやかすものは、これ魔ものであり、サタンであり、怪物であります」との原水爆禁止宣言を叫び、当時の青年に向けて、生命尊厳の思想を時代精神へと高めゆく必要性を訴えました。この時の宣言は、その後、池田会長を中心として創価学会が取り組んできた平和運動の重要な指針になっていきました。

池田会長は、それから十一年の時を経た一九六八年九月八日に「日中国交正常化提言」を発表されました。

文化大革命の最中に発表された「日中国交正常化提言」は国内外で大変な反響を呼び、その影響は非常に大きなものでした。中国を批判する勢力からの過激な反発があった一方で、日中友好を願う人々に対しては、提言が大きな追い風となったのです。それまで周恩来《しゅうおんらい》が進めてきた日中間の民間外交は、政治的に厳しい状況が続く中で一時期は冷え込んでいましたが、この提言が起点となって交流が盛んになり、国交正常化への流れが一気に広がっていったのです。その後、公明党が尽力して中国との交渉にあたり、ついに政府も動いて、一九七二年の日中共同声明の調印へと至り、国交正常化が実現しました。このことは、まさに池田会長が「アジアの地に平和を」との思いで、命懸けで発表された提言が、一つの結実を迎えた瞬間であったのです。

◆日中関係に留まらない平和への行動

日中国交正常化が実現した頃、国際情勢は大国間の緊張関係に包まれていました。特に中国とソ連の間には戦争が生じるかもしれないほどの緊張関係がありました。

そのような戦争への懸念がある中で、池田会長は一九七四年九月にソ連を訪れます。当時、ソ連を訪問することに対して、「宗教否定の国に、どうして宗教家が行くのだ」との批判もあったようですが、池田会長は「そこに人間がいるからです」と答えています。それは、国や人種という垣根を越えた、人を信じる一人の人間としての行動であったのです。

池田会長は、ソ連のコスイギン首相と会見を行い、そこで単刀直入に「ソ連は中国を攻めるつもりはあるのですか」と聞きました。その質問に対してコスイギン首相も率直に、「中国を攻めるつもりも、孤立化させるつもりもありません」と答えたといいます。そのような質問をすることは、民間人としては非常に勇気がいることであったと思いますが、この行動こそ、平和を願う仏法者としての止《や》むに止まれぬ善意の発露からの行動であったのではないかと私は思います。また、そのような真剣で率直な姿勢であったからこそ、コスイギン首相もあのように応じたのではないかと思います。

池田会長は、このコスイギン首相の返答を携えて、同年十二月に二度目となる中国訪問をして、コスイギンの言葉を中国側に伝えました。その後、中ソ関係は、やがてゴルバチョフと鄧小平《とうしょうへい》の時代に関係正常化を宣言するに至りましたが、この時の池田会長の行動によって中ソの衝突の懸念が払拭《ふっしょく》されたことの意義は非常に大きいと思います。また、この二度目の訪中において、周恩来との一期一会の会見が行われました。この時、周恩来は重い病の床にあり、そのため周囲は周恩来の体を心配して池田会長との会見に反対しますが、それを押し切って周恩来は「どんなことがあっても会わねばならない」と言って、会見に臨んだのです。

会見の席上、周恩来は「あなたが若いからこそ、大事につきあいたいのです」と語り、池田会長の日中友好への取り組みを高く評価するとともに、日中平和友好条約の早期締結についても切望しました。周恩来が語る言葉を心に刻むように真剣に聞く池田会長――二人の信義の絆が結ばれた瞬間です。周恩来は、「二十世紀の最後の二十五年間は、世界にとって最も大事な時期です」と池田会長に語ったといいます。これは、その大事な時期にさらなる平和への行動を期待する、まさに平和へのバトンが渡された瞬間であったと思います。

池田会長は周恩来との会見の後の心境について、小説『新・人間革命』第十三巻「金の橋」の章の中でこう綴《つづ》られています。

「私は、わが生涯をかけて、堅固にして永遠なる日中友好の金の橋を、断じて架ける！」

その後、池田会長は、日中平和友好条約に関する各国の指導者の考えを公明党に伝え、そこからは公明党が同条約の交渉、締結までを担っていきました。この日中両国の万代の平和と友好の基礎となる日中平和友好条約は、一九七八年八月十二日に調印され、十月の衆参両院において圧倒的多数で批准されます。この時すでに毛沢東《もうたくとう》も周恩来も逝去していたため、当時は副総理だった鄧小平が事実上の中国首脳として、十月二十二日に来日し、日中平和友好条約は締結されたのです。

こうした歴史的事実を振り返ると、周恩来とのただ一回の出会いでの約束を実際に行動に移し、結果へとつなげていった池田会長の行動こそ、平和な世界をつくるための実践であったのです。

◆世界平和の流れをつくった日中国交正常化提言

池田会長の平和をつくるための実践は、その後の創価学会の平和運動へと脈々と受け継がれていると思います。創価学会は一九七五年に行った核兵器廃絶の署名運動で、一千万人の署名を集めて国連に提出したことをはじめ、これまで反戦出版や核兵器廃絶の企画展など、さまざまな平和運動に取り組んできました。いずれも、一貫して反戦平和への思いが脈打つ運動です。

また、池田会長は、一九八三年に「SGI（創価学会インタナショナル）の日」記念提言を発表して以来、世界の平和に向けた重要な提言を毎年発信し続けてきました。この提言では一貫して、対立ではなく対話によって平和を構築していくことの重要性について述べています。私は、それは中国古典の荘子の言葉にある「大同小異」（少し相違はあっても、大体においては同じである）に通じる考えだと思いました。つまり、国や人種の違いはあっても、平和という「人類共通の目標」を掲げることが重要であるとの考えです。

最近、中国では習近平《しゅうきんぺい》国家主席が「人類運命共同体の構築」ということを提唱しました。これは、対立を避けて共同繁栄する世界を目指すというものですが、今こうした考えが国際社会の中で広がりを見せつつあるように感じます。

私は、こうした平和に向けた国際社会の潮流の背景には、創価学会・SGI

のたゆまぬ平和運動が関係していると思います。それは「平和は一国のものではなく人類共通のものである」との平和の理念に基づき、その実現を目指して運動を展開することで、「平和の大切さへの認識」を世界に広げているのが、創価学会・SGIだからです。

二〇一七年にノーベル平和賞を受賞したICAN《アイキャン》（核兵器廃絶国際キャンペーン）のベアトリス・フィン事務局長が、「SGIは、私たちICANにとって最も古く、一貫したサポーターの一つです。核兵器の禁止と廃絶を目指す戦いにおいて、計り知れないほどの重要な役割を担ってきました」（『聖教新聞』二〇一七年十二月十三日付）と語っていることからもわかるように、SGIの平和運動が核兵器廃絶運動の広がりに重要な役割を果たしたことが示されています。

私は、この平和を大切に思う心を広げる創価学会・SGIの平和運動の起点になった出来事こそ、池田会長の「日中国交正常化提言」であったと思えてなりません。それは、単に日本と中国の二国間の平和のためだけのものではなく、提言発表後に中国、ソ連、米国、さらには国連へと平和を求める行動を続けてきたことからもわかるように、アジア、そして世界を平和へと導いていくための行動であったからです。

　この提言に込められた平和への思いは、これからの日中両国、さらには世界の平和の土台となるものです。その意味からも今後の人類の平和構築に向けて、より一層、「日中国交正常化提言」に光が当たっていくものと確信します。

年表

1931年	9月18日	満州事変
1937年	7月7日	盧溝橋事件
1945年	8月15日	第二次世界大戦終戦
1949年	10月1日	中華人民共和国建国
1952年	6月1日	第一次日中民間貿易協定締結
1953年	10月29日	第二次日中民間貿易協定締結
1955年	4月22日	アジア・アフリカ会議（バンドン会議）中に周恩来と高碕達之助が会談
	5月4日	第三次日中民間貿易協定締結
1958年	2月9日	劉連仁さんが発見される
	3月5日	第四次日中民間貿易協定締結
	5月2日	長崎国旗事件
1960年		高碕達之助が周恩来に創価学会の存在を伝える
1961年	1月	有吉佐和子が訪中した際、周恩来との会談の場で創価学会との交流を勧める
1962年	11月9日	高碕達之助が訪中し、「日中長期総合貿易に関する覚書」（LT貿易）が調印される
1963年	9月	高碕達之助と池田会長が会談
1964年	11月17日	公明党結成大会
1966年	5月	中国で文化大革命が始まる（～76年）
		『主婦の友』の企画で有吉佐和子と池田会長が対談。周恩来の伝言が池田会長に届く
	7月	有吉佐和子、孫平化、劉徳有が創価学会青年部と初懇談
1968年	9月8日	池田会長が第十一回創価学会学生部総会で日中国交正常化提言を発表

1969年 6月 池田会長が聖教新聞に連載中の『人間革命』で、中国との平和友好条約の締結を主張
1970年 3月 松村謙三と池田会長が会見。松村が周恩来からのメッセージを池田会長に伝える
1971年 6月16日 公明党代表団初訪中
10月25日 中国の国連復帰が決まる
1972年 2月21日 ニクソン米大統領初訪中
5月7日〜23日 公明党代表団第二次訪中。「復交三原則」として国交正常化の原則が示される
7月25日〜8月3日 公明党代表団第三次訪中。日中共同声明の草案を持ち帰る
1972年 9月29日 日中共同声明が調印され、日中国交正常化が実現
1974年 1月5日 日中貿易協定締結
5月30日 池田会長が香港経由で初訪中
8月10日〜20日 公明党代表団第四次訪中。日中平和友好条約の打ち合わせが行われる
12月2日 池田会長が第二次訪中
12月5日 池田会長と周恩来が会談
1976年 1月8日 周恩来逝去
1977年
1月19日〜25日 公明党代表団第五次訪中
1978年
3月10日〜17日 公明党代表団第六次訪中。日中平和友好条約の交渉が再開
4月12日 趙樸初が聖教新聞社を訪問
8月12日 日中平和友好条約締結

著者略歴

胡金定（こ・きんてい）

1956年、中国福建省生まれ。中国厦門大学外文学院卒業。神戸大学大学院文化学研究科博士課程修了。甲南大学教授、中外新聞社記者。著書に『郁達夫研究』（東方書店）、『アクティブ中国』（共著、朝日出版社）、『日本と中国の絆』（第三文明社）、中国語教科書など多数。

日中友好《にっちゅうゆうこう》の軌跡《きせき》 ——創価学会《そうかがっかい》と中国《ちゅうごく》

2021年4月7日　初版第1刷発行

著　者　胡金定《こきんてい》

発行者　大島光明

発行所　株式会社第三文明社

東京都新宿区新宿1-23-5

郵便番号　160-0022

電話番号　03-5269-7144（営業代表）

03-5269-7145（注文専用）

03-5269-7154（編集代表）

振替口座　00150-3-117823

URL https://www.daisanbunmei.co.jp

印刷・製本　図書印刷株式会社

ISBN 978-4-476-03391-5